震惊世界的女孩

(美)米歇尔·罗姆·麦卡恩；阿梅丽·威尔登 著

纪 寻 译

華文出版社
SINO-CULTURE PRESS

图书在版编目 (CIP) 数据

震惊世界的女孩 / (美) 麦卡恩 (McCann，M.R.)，(美) 威尔登 (Welden，A.) 著；纪寻译．—北京：华文出版社，2013.10
书名原文: Girls who rocked the world
ISBN 978-7-5075-4090-1

Ⅰ. ①震…　Ⅱ. ①麦… ②威… ③纪…　Ⅲ. ①女性—名人—生平事迹—世界—青年读物②女性—名人—生平事迹—世界—少年读物　Ⅳ. ① K818.5-49

中国版本图书馆 CIP 数据核字 (2013) 第 236107 号

震惊世界的女孩

著　　者: (美) 米歇尔 · 罗姆 · 麦卡恩 ; 阿梅丽 · 威尔登
译　　者: 纪　寻
责任编辑: 温润芳
出版发行: 华文出版社
社　　址: 北京市西城区广安门外大街 305 号 8 区 2 号楼
邮政编码: 100055
网　　址: http://www.hwcbs.com.cn
投稿信箱: hwcbs@126.com
电　　话: 总编室 010-58336210　责任编辑 010-63422605
发行部 010-58336270　010-58336265
经　　销: 新华书店
印　　刷: 天津新科印刷有限公司
开　　本: 710 × 1000　1/16
印　　张: 12.25
字　　数: 185 千字
版　　次: 2014 年 1 月第 1 版
印　　次: 2014 年 1 月第 1 次印刷
标准书号: ISBN 978-7-5075-4090-1
定　　价: 25.00 元

献给神奇的女孩菲奥娜。

我已经迫不及待地想看你将如何震惊世界。

——米歇尔

献给许许多多启发了我的女孩和女人们。

——阿梅丽

我们处于人类思想史的新纪元，
因为我们意识到女性和男性一样，
创造了历史。

——威斯康辛大学历史系教授吉达·勒纳

作者的话

未来是属于信仰梦想之美丽的人。

——埃莉诺·罗斯福

如果我们让你说出一些历史上重要的人名，你会列举出谁呢？如果你就像大多数人一样，你可能列出的男性多于女性(如果你列出的女性多于男性，那么你真棒！)。但为什么当人们思考历史上具有影响力的人物时，会最先想到男性？是因为女性不重要吗？绝对不是！女性的智慧、力量和坚韧不拔的精神为创造世界文化与文明做出了至关重要的贡献。只是她们的故事被流行的记录和学校里教授的传统历史排除在外。

幸运的是，近年来，恢复女性在历史中的角色的工作有了进步。你们读了很多故事，关于那些让人惊叹的成熟女性和她们的成就——阿米莉亚·埃尔哈特、苏珊·B.安东尼、罗莎·帕克斯——你可能自己会想：嘿，等我长大了，也许我也可以做出和她们做的一样重要的事情！尽管当今的历史书给了过去的女性更多赞誉，同样重要的是，你们，今天的女孩，也要知道你们可以在明天的历史书上留下一页。

在《震惊世界的女孩》一书中，我们想告诉你不需要等到长大。书中的女孩子们不是等到她们长大以后才开始去震惊世界。

然而，震惊世界并不意味着你要变得有名或富可敌国。它可以意味着你把握住一次机遇，做出改变，鼓舞别人，坚持自我，忽略批评你的人，改变一个人的心灵或者安慰他人。它意味着你不是只坐在一边，等着世界来震惊你。

考虑到这些问题，我们开始创作《震惊世界的女孩》。我们非常骄傲能够参与这项重述女孩历史的工作，并希望我们的工作可以鼓励你拥有梦想和改变世界的力量。

在那么多的女孩中选择将谁纳入本书是一件十分困难的事情。我们既选择那些20岁前在历史上留下印记的女孩，也选择那些刚刚在事业上崭露头角的女孩。她们生活在不同的历史时期，来自不同的国家，也代表了多元化的成就。尽管本书中的女孩们来自世界的每一个角落，并以完全不同的方式震惊了世界，她们面临着一些相似的难题：贫困、缺乏教育、家庭阻力、性别歧视、政府压迫、妒忌的丈夫以及自我怀疑……但是，她们每一个人都付出了巨大的努力，克服了这些困难，实现了自己的梦想。对任何一个人来说，通向成就的道路是不容易的，但这些女孩并没有放弃。

因为年龄的限制，本书不能够囊括那些数以千计的在后半生取得成就的具有影响力的女性。比如废奴和女权运动中的非裔领袖索杰娜·特鲁斯，还有第一个登上太空的苏联女宇航员瓦伦蒂娜·捷列什科娃。这些特定的科学领域需要她们完成许多年的学习和训练才能够取得成绩。

当你们阅读下面的故事时，请记住本书中的女孩只是成千上万的已经或即将做出惊人之举的女孩中的一些。希望她们的人生可以鼓舞你们，就像她们曾经鼓舞我们一样。这些事例证明女孩可以拥有激情并实现梦想。现在轮到你们去震惊世界了。最后用世界著名的女性演讲家安娜·伊丽莎白·迪金森的话结尾："世界属于那些紧紧将它握在手中的人。"

目录

Hatshepsut

哈特谢普苏特

——着男装的埃及女法老

约公元前 1500～前 1460

（哈特谢普苏特）不希望别人仅仅只是因为她的性别而记住她——她认为这与她的成就毫无关联。她在位期间要求获得在法老中被平等对待的权利。

——乔伊斯·泰德斯莉[①]，《哈特谢普苏特：女法老》

艳阳高照，广场上人山人海，埃及人肩并肩地站着，焦急地等待着新的王室纪念碑的揭幕。号角响起，奴隶们拉开了石像上的遮布，前排的人们紧盯着石刻，以便更好地观赏。然而看到的景象却让他们惊呆了，他们窃窃私语，告诉站在远处的人们。短短几分钟内，这条爆炸性的新闻如波浪般传遍了人群，直到所有人都知道了这令人震惊的消息。

在以前的纪念碑中，哈特谢普苏特不是站在丈夫旁边，履行皇后的职责；就是站在继子身后，作为他的监护人和顾问。而在这幅新的画像上，只有哈特谢普苏特一个人。更令人惊讶的是，她竟然大胆地装扮成男人的样子……事实上，她将自己打扮成了法老！埃及人在想：这意味着什么呢？以前从来没有出现过女法老啊！本应该成为法老的她的继子怎么办？玛特[②]——宇宙的理想状态——会被打破的。

这个以后成为法老的女孩是法老图特摩斯一世的长女。在她的妹妹夭折后，她成为了图特摩斯一世与他的王后唯一的孩子。在哈特谢普苏特的家族

① 英国当代考古学家、埃及学学者。

② Maat，音译为玛特，也是古埃及的正义、真理、秩序女神，托特神的妻子，太阳神拉神的女儿。

掌权前，埃及分裂，常为外国势力所统治。哈特谢普苏特家族的几代人不断抗争，想统一埃及，终于在哈特谢普苏特父亲这一代完成了。在他的统治下，埃及空前繁荣。图特摩斯一世是一位受民爱戴、意志强大的法老。

为了保持王室血脉的纯正，大多数埃及王室成员会和他们的兄弟姊妹结婚。哈特谢普苏特也不例外。图特摩斯一世去世后，哈特谢普苏特就与她同父异母的兄弟图特摩斯二世结婚了。那时她只有12岁，也正是绝大多数埃及女孩结婚的年龄。她的哥哥成为了法老，她则成为了王后。不久后，她生下了女儿尼斐鲁拉公主。哈特谢普苏特的雕像显示，那时候的她身着王后的服饰，站在丈夫身后。

许多历史学家认为图特摩斯二世是一位体弱多病的君王，其实是哈特谢普苏特在幕后统治。我们可以肯定的是，图特摩斯二世死的时候还很年轻。他死后，哈特谢普苏特迅速扩大自己的势力。按照埃及的风俗，图特摩斯二世与另一个女人的儿子会成为王位继承人。当时哈特谢普苏特可能只有15岁，她被任命为图特摩斯三世的监护人。那时图特摩斯三世大约只有5岁，太年幼还不足以胜任法老的职位。在这一时期的雕像中，哈特谢普苏特站在继子的旁边。她作为摄政王辅佐继子，直至他长大成人，有能力独立执政。事实上，哈特谢普苏特另有打算。

大多数埃及人有六到七个孩子（但几乎有一半在童年就夭折了），女孩和男孩一样受欢迎。流行的名字有“财运来”“欢迎你”“父亲的统治者”甚至“他是个大朋友”等意义。

尽管那时哈特谢普苏特已经拥有了埃及女性可拥有的最高地位，她还想要更多。她想成为法老，成为君王！王后与法老是完全不同的：王后是法老的陪衬品。她甚至不能被直接称呼名字，而是只能以与她有关的男性的名字被称呼，如“国王的女儿”“国王的妻子”等。另外，法老统治并拥有埃及土地和人民的地位是不容置疑的。在任何时候，法老都可以命令他的随从停止手头的工作，去修建金字塔或者神庙。法老负责收集税收、紧急情况下的食物储备、修建运河和其他建筑、维持法律与秩序。作为军队首领，他不仅部署军事行动，更会亲自带兵打仗。

更重要的是，埃及人认为法老是神圣的，是神在地球上的信使。法老可以代表他的人民直接与神对话，保佑埃及繁荣，免于灾难。古埃及人相信，没有法老，他们就不能够生存。

哈特谢普苏特意识到，一个女法老会让她的人民震惊沮丧。埃及人信仰玛特——宇宙的理想状态，一个女法老肯定会扰乱万事万物的秩序。所以，为了维护她的统治，哈特谢普苏特必须改变形象，让她可以被人民接受。在雕像中，哈特谢普苏特可以出现在前排或者中间，但必须束胸，戴假须，着男装。尽管她的人民仍然知道她是一个女人，但她的形象告诉他们她能够并且即将扮演男人的角色。另外，每一个法老都需要王后相伴来履行宗教职责。哈特谢普苏特再次打破传统，任命她的女儿尼斐鲁拉为王后。

和哈特谢普苏特不一样，埃及女孩不能在外工作。如果她们走运，她们可以当纺织工、歌手或舞女。

埃及是男权社会，人民可以接受哈特谢普苏特作为他们神圣的统治者是非常了不起的。即便在图特摩斯三世长大了以后，埃及人仍将哈特谢普苏特视为法老，让她的统治持续了二十多年之久。在当时埃及人的平均寿命只有 30 岁，哈特谢普苏特 20 年的统治是令人震惊的。

她统治下的领土从非洲东北部一直延伸到阿拉伯半岛，直至今天的叙利亚。在她执政期间，埃及进入了和平、稳定、繁荣的新局面。她对外扩张，开展与遥远地区的商贸活动。然而，哈特谢普苏特最有名的可能是她在推动建筑发展上叹为观止的成就。她努力修复被损坏的神庙(即便是在 3500 年前，埃及的一些建筑已经十分古老)，建造了成千上万的祠堂、纪念碑和塑像。她为自己百年后修建的尼罗河旁的停灵庙——黛尔·埃鲁－巴赫瑞庙，被誉为最美丽的建筑之一。

在哈特谢普苏特日渐年长而无力统治后，她最终允许自己成年的继子成为法老。图特摩斯三世承袭哈特谢普苏特的稳健步伐，成为了一位成功而受欢迎的法老。哈特谢普苏特活了五十多岁，相较于埃及人的平均寿命，她算是相当长寿了。在她生前，哈特谢普苏特就耗时多年，为自己修建了金碧辉煌的庙宇，以便死后可以安葬在那里。这个打破规则的女人最终被安葬在了帝王谷，为生命画上了圆满的句号。

埃及人爱猫如痴

- 当一只猫死了，它的主人会剃掉眉毛、撕毁衣服，以示悲伤
- 他们制作猫的木乃伊，一个埃及墓穴就存放了30万只猫的木乃伊
- 如果你杀了一只猫，你可能会被判处用石头砸死
- 当王室狩猎时，他们射杀的鸟是由受过专门训练的猫找回的

哈特谢普苏特是古埃及最伟大的统治者之一。她的执政比埃及艳后、图坦卡蒙国王或奈费尔提蒂王后更成功，更具影响力。但她的故事却鲜为人知。为什么呢？在她死后的几年里，有人试图抹去历史关于哈特谢普苏特的所有记忆。她的塑像被砸成碎片，她的形象从浮雕中被抹去，她的画像被烧毁，她的名字被踢出法老名单，她的木乃伊消失了。山体滑坡甚至覆盖了她在黛尔·埃鲁－巴赫瑞辉煌的庙宇。

有人希望呈现出好像哈特谢普苏特从未存在过的假象。但是到底是谁呢？是嫉妒她的继子，她愤怒的情人，还是想忘记女法老的埃及后世人？至今这仍是一个未解之谜。但这些神秘而恶毒的想法抹去她执政事实的尝试并不能掩盖哈特谢普苏特的传奇。

在19世纪晚期，考古学家们发现了她的庙宇，在新出土的雕刻上找到了她的名字，她的事迹也随之重见天日。他们将关于哈特谢普苏特的信息拼凑出来，知道了她是埃及有史以来最有影响力的女人。在2007年，她的木乃伊被找到了，并验明正身。她再次拥有埃及国王的合法地位，而哈特谢普苏特充满了争议的人生故事则继续吸引着今天的考古学家。

你将如何撼动世界？

我已经读过少年儿童图书馆里关于埃及的每一本书，现在我正在读大人图书馆里的书。我要成为一名研究古埃及的考古学家去撼动世界！我会把我的考古经历写成书，让更多人了解埃及和它的历史。我也想打开狮身人面像看看里面是什么！

——柯丽莎·莱特，13岁

The Trung Sisters

徵氏姐妹

约公元 14～43 ◎ 越南民族英雄

所有的男勇士们
屈服地低下了头
只有这两姐妹骄傲地站起来
为她们的国家复仇

——15 世纪越南诗歌

大象载着徵氏姐妹进入战场，在象背上她们居高临下，扫视着下面的人群。千千万万的越南士兵仰望着她们，眼里充满了骄傲和恐惧。恐惧是因为他们知道，在外族入侵越南的 150 年间，还没有人敢起兵反抗他们——因为入侵者有更多的军队、更强大的武器和更专业的军事训练。然而，他们也感到骄傲，因为他们在为国家的自由而战，而带领他们的是东方迄今为止最伟大的女英雄。姐姐徵侧举起了宝剑，宣誓复仇：

首先，我要为我的国家复仇，

第二，我要延续祖先雄王[①]的血脉，

第三，我要为死去的夫君复仇，

最后，我发誓我会实现以上所有目标。

在她们的鼓舞下，八万越南士兵冲上了战场。

这对并没有把握的勇士姐妹——徵侧和徵贰在公元 14 年前后出生于北越南的一个小镇上。她们的父亲是一个很有权势的越南领主，他和她们的母亲都十分仇恨侵略者，却又不敢反抗。自从公元前 111 年前越南被侵后，越南人民

① 雄王是越南国家和民间记忆中的英雄祖先，被越南人奉为“国祖”。——译者注

被迫缴纳高额的赋税，舍弃自己的文化和传统。黴氏姐妹自小就目睹了她们的人民所受到的压迫和不公平的待遇。尽管这对姐妹的父亲在她们很小的时候就去世了，她们永远都不会忘记父亲想让越南自由的梦想。

她们的母亲谩善是一位坚强而不同寻常的女性。在传统的越南社会里，相较于亚洲其他地区和欧洲的女性，越南女性有更多的权利。她们可以继承财产，成为政治领袖、法官、商人甚至军人。然而，在入侵者的统治下，越南女性的地位被颠覆了，她们的自由被剥夺了。善夫人选择违背入侵者的意志，不再结婚。相反，她费尽心血教女儿们兵法，教她们制定军事战略、练习武术、使用剑和弓。她知道战斗马上就要来了。

在黴侧与诗索相爱结婚的时候，她极有可能还只是一个稚气未脱的少女，而诗索是一个地区年轻的首领。和黴贰一起，他们抗议入侵者的统治，并秘密策划推翻侵略者。黴侧被形容为拥有“无畏的性格”。入侵者的历史文献里是这样记载的：反抗的计划是诗索听从了妻子的建议后决定的，而非妻子听从了他的决定。人们认为是这对少女姐妹负责招募越南领主去战斗。他们的计划被发现后，黴侧的丈夫被处决，他的尸首被悬挂在城门口，作为给造反者的警告。

当黴氏姐妹在第一场战斗中击败了入侵者，下令处决黴侧丈夫的将领非常害怕。他剃掉头发，乔装打扮，秘密逃离了越南。

然而，他的计划却事与愿违。黴氏姐妹没有被吓倒，相反，她们被这次谋杀和加剧的不公正待遇彻底激怒了——反抗的时候到了。她们要求自己的人民和她们一起勇敢起义。8 万男男女女自愿加入革命队伍，而当时大多数人只有二十几岁。为了不影响士兵们的士气，黴侧拒绝穿上传统的丧服。

黴氏姐妹在志愿军中选择了包括她们母亲在内的 36 名女性，作为将军协助她们领导军队。在公元 40 年，也就是在被外族统治了 150 年之后，黴氏姐妹率领她们的人民第一次在全国范围内反击入侵者。两姐妹相互配合，取长补短：黴侧是一个运筹帷幄的大师，而黴贰是一个无所畏惧的勇士。尽管她们的军队没有受过正规训练，然而她们却奇迹般的解放了被占领的65座城池，将入侵者赶出了越南。徵氏姐妹的事迹迅速传播出去，一直传到外族统治者的耳朵里，让他心生畏惧。历史记载：“一个女人骄傲地领导了一个年轻的国家。就连外族统治者听了也会害怕。”

徵家女军的英勇是传奇的。在一个故事中，将军冯氏征全然不顾自己已经怀孕，还奋不顾身地率领士兵投入战场。她在战场上生下孩子，然后将婴儿绑在背上，继续战斗。

在这次大捷后，徵氏姐妹建立了一个新的国家。她们被推选为联合统治者，并迅速推翻了不平等的政策。她们致力于建立一个精简的政府，遵循越南的传统价值观，废除侵略者制定的令人憎恶的赋税制度。在后来的三年里，徵氏姐妹一边对抗愤怒的外族军队，一边治理这个新建立的独立国家。

不幸的是，越南的自由没有持续很久。入侵者有更多的兵力、武器和军事经验。公元43年，徵氏姐妹打完了她们最后一场战役。在今天的河内附近，几千名越南士兵被俘虏并被斩首，超过一万人沦为阶下囚。徵氏姐妹没有选择投降或接受被打败的现实，她们选择了越南人认为是更有尊严的逃避方式：自杀。一些民间故事里说她们投河自尽了，而另一些故事则说她们随着浮云飘走了。

徵氏姐妹的传奇故事鼓舞着越南人民，他们在后来的950年里继续与外族人进行着旷日持久的斗争。在这黑暗岁月里，很多反抗斗争都是由女性领导的！徵氏姐妹的故事被口口相传，传了一代又一代，直到最后，这对姐妹被当作女神一样来膜拜。

当今，越南仍然有很多关于徵氏姐妹的记忆，她们出现在故事、诗歌、歌谣、戏剧、海报、纪念碑上，甚至还被印上了邮票，继续激励着越南人民。在首都胡志明市[①]，一条街以她们的名字命名。一些神圣的庙宇也是也为纪念她们而建成，比如河内著名的海芭塔（即两姐妹塔）。越南政府宣布她们为民族

① 胡志明市是越南的旧都。1976年，越南的首都改为河内。——译者注

英雄，并在每年三月的徵氏姐妹日纪念她们的牺牲和勇气。

150 年间，还没有越南人有勇气起义反抗。直到徵氏姐妹的出现，越南人民才开始为自由而战。这两位年轻英勇女性的英雄史诗几个世纪来激励着越南人民为摆脱外族统治而抗争。多亏了徵氏姐妹，越南现在拥有了关于女勇士的悠久历史。许多人相信，如果不是徵氏姐妹号召人民奋起反抗，就不会有今天的越南。

你将如何撼动世界？

我要成为美国第一个犹太裔女总统来震惊世界。我想解决的重要问题包括女性的同工同酬和更好的产假政策。

——巴茜·舒斯特曼，14岁

Joan of Arc

圣女贞德

1412 ~ 1431 ◎ 战士和圣徒 ◎ 法国

我被告诫要着女性的衣服，但我拒绝这么做，而且会一直拒绝。而女性的其他爱好，还有许许多多女性去执行。

——圣女贞德

箭弩在握，年轻的贞德站在城堡上，扫视着敌营。这个勇敢的 17 岁少女正准备带领法国的军队征战沙场。她已经赢得了一场艰难的战斗，现在她专注于她最后的目标：将英国人赶出法国的城市奥尔良。贞德向英国的军营射了一支特殊的箭，她的心脏因为紧张害怕而怦怦直跳。箭上附着一条她给敌人的消息：投降并交出这座城市，否则她就要进攻了。

英军拒绝了贞德的请求。再一次，贞德让她的军队准备好投入战斗。第二天一大早，她领导了对英军的袭击。贞德的肩膀在这场血腥的战斗中受了伤，但最终她和她的战友们还是取得了胜利。因为贞德勇敢和鼓舞人心的领导，法国军队在 1429 年 5 月 8 日收回了对奥尔良的控制。

在 1412 年 1 月的一个寒冷的早上，贞德出生在法国一个叫栋雷米（Domremy）的小村庄。她的父亲是一个农民，而她却是一个脱俗的女孩，贞德预见自己将会和那个时代其他传统农村女性不一样。

在贞德的童年，她的国家正陷入和英国的百年战争[①]中，英国已经控制了

① 百年战争（Hundred Years' War）是指英国和法国，以及后来加入的勃艮第，于 1337 ~ 1453 年间的战争，是世界最长的战争，断断续续进行了长达 116 年。——译者注

法国的大部分领土。与此同时，法国国王查尔斯六世在1422年去世。按照惯例，王位的继承人（也叫做王储）会被带到兰斯市接受加冕典礼。但由于战争，王储不能安全抵达兰斯，因而也就不能正式加冕。

在大约12岁时，她相信自己听到了上帝的声音，上帝告诉她她被选中去完成伟大的事业。在后来的几年中，她又遇见了神迹，圣弥额尔①、圣凯瑟琳②和圣玛格丽特③告诉她她的命运就是要去解放奥尔良城（它通向兰斯），带领王储在兰斯加冕。这是一个十分危险的任务。

在1429年，贞德启程去迎接自己的命运。但当时她只是一个17岁的农村女孩儿，很难说服别人帮助她。然而她的意志异乎寻常，具有令人信服的能力。在旅程一开始，贞德说服了王储军队的指挥官，给她配备了一匹马和几个随从。穿上男装，贞德穿越了被战争蹂躏的法国，去见未来的国王。

村庄里的孩子们都知道战争在他们身边进行。有时，贞德会和她的伙伴们在一个废弃的城堡里玩耍，假装自己是战争中的士兵。

贞德到达了目的地，见到了王储。王储怀疑这个女孩的神圣使命和她的军事计划，于是他召集了一组神职人员和圣经学者检验她。贞德打消了他们的怀疑，并在一次对奥尔良的袭击中被授权指挥自己的军队。她甚至被授予上尉军衔！贞德，这个年轻的将领全副武装，投入战斗。她身着轻便的铠甲，手持一柄刃上刻着5个十字架的宝剑，还举着一个丝边的白色横幅，上面装饰着耶稣基督手捧金球的刺绣。贞德向奥尔良出发了，她的新军队紧随其后。

她成功地领导了一系列针对英军的袭击。贞德鼓舞人心的领导力为她的

① 圣米迦勒或弥额尔，《圣经》中提到的一个天使的名字，神所指定的伊甸园守护者，也是唯一提到的具有天使长头衔的灵体。——译者注

② 圣凯瑟琳，基督教圣人，亚历山大人，大约生于公元287年、死于305年。传说中她时常劝阻罗马帝国皇帝迫害基督徒，最后自己也被斩首。11月25日为她的纪念节日。——译者注

③ 圣玛格丽特是天主教、英国国教以及东正教都非常尊崇的一位圣人，也是中世纪保佑孕妇顺产的圣人。——译者注

军队注入了士气，法国人相信他们一定能在战场上击败英军。人们评价贞德："在战争中，无论是挥舞长矛、召集火力还是命令士兵、摆放枪支，她都是专家。"英国人被击败了，贞德的第一个理念实现了。

许多法国人视奥尔良大捷为一个奇迹。在那之后，贞德继续朝下一个目标迈进——护送王储去兰斯加冕。再一次，贞德运用她游说的能力使王储相信并接受她的计划。贞德出发去兰斯，沿途击败了英军的多次袭击，解放了所有奥尔良和兰斯之间的法国城镇。一星期后，在王储确定一切安全后，他跟随贞德前往兰斯。在兰斯，他接受了加冕，成为法国国王查尔斯七世。这样一来，法国统一，全国人民最终可以团结在一个君主的领导下。在整个加冕仪式上，贞德一直站在他的旁边。

在 1430 年，贞德试图拯救法国于另一个威胁：来自勃艮第的袭击。她英勇地作战，却不幸被俘。勃艮第将贞德出卖给了吃了败战、复仇心切的英国人。英国人以"巫术"和"着男装"罪(这被认为是和教堂作对)对贞德进行宗教裁判。英国人因为惧怕贞德的力量和她在法国的影响力，就在缺少公平审判的情况下，判处贞德死刑。

在 1431 年 5 月 30 日，19 岁的贞德被处以火刑。刽子手在后来形容道："我非常害怕有一天我会因为烧死了一位圣女而被打入地狱。"

查尔斯七世没有做任何努力去挽救法国的勇士，许多人认为这是因为他为法国的胜利是由一个农村女孩赢得的而感到丢脸。在贞德死后 20 年，查尔斯七世下令对她的案件进行重新调查，并宣布原判无效。历史几乎用了 500 年的时间才认可贞德的地位——终于在 1920 年，贞德被罗马天主教堂追认为圣女。

贞德卓越的领导才能对百年战争有着巨大的影响力。她的军事胜利削弱了英军的实力，带给了法国人民希望。贞德的生命历程鼓舞了许多艺术家、作家和历史学家。她是法国的守护神，每年的 5 月 30 日被定为她的节日，在全国范围内庆祝。尽管贞德只活了 19 年，但她的英勇传奇却流传了几个世纪。

行动大明星！

马拉·阿维拉·尼维斯

马拉·阿维拉·尼维斯在里约热内卢外，巴西最暴力的棚户区之一长大。在这里，警察和毒品集团进行着此消彼长的斗争，但有时这样的斗争是如此激烈，教师和医生都没有办法进入城镇。马拉15岁时组织了成百上千的儿童和青少年进行游行示威，要求暴力冲突至少在上学的时段停止。在2007年，马拉组织了另一次游行，并于2008年获得了国际儿童和平奖。该奖项资助马拉十几万美金，用以支持她的和平行动。

Sor Juana Inés de la Cruz

胡安娜·伊内斯·德拉克鲁兹修女

——墨西哥的伟大学者

1651～1695

……在我看来，如果脑袋只用头发装饰而不能学习，这毫无意义。

——胡安娜·伊内斯·德拉克鲁兹修女

15岁的胡安娜看着四周，紧张得双手合十：房间里坐满了整个墨西哥城最有智慧和最有知识的40个男人。她感觉她好像永远在回答他们的问题。可是，他们仍然没有让她完成考试。这些男人们继续冷静地盘问着她问题，一个接着一个——关于哲学、数学、历史、诗歌、宗教……任何他们可以想到的问题，让她回答了几个小时。她怎么样才可以向他们证明自己非凡的才能，以获得继续学习的机会呢？

几个小时中，她用巧妙的回答震惊了他们。毕竟，关于她的故事都是真实的。胡安娜在这次考试中的成功仅仅只是她辉煌成就的开始。她后来成为了墨西哥一流的知识分子和最伟大的学者之一。

1651年11月12日，胡安娜·拉米雷兹·德拉巴杰出生在墨西哥农村的一个小庄园里。胡安娜3岁时跟着她的姐姐去上学并很快学会了阅读。不久后，她的阅读能力甚至超过了她的母亲。胡安娜惊人的天赋无法被埋没，她学习她可以接触到的任何东西，包括数学、哲学、宗教、文学、历史和阿兹特克语。令人惊讶的是，在仅仅上了几次课后，她还学会了拉丁语——一门非常难的语言。

尽管胡安娜比她的母亲更擅长阅读，她没有把这个告诉别人。她不想伤害母亲的感情，而且家人也不允许她上学。

胡安娜7岁时听说了墨西哥城的大学。不幸的是，就像那个时代大多数学校一样，大学只接收男性学生。不过，胡安娜灵机一动，请求她的母亲把她打扮成男孩子，这样她就可以上学了。她的母亲拒绝了她的请求，胡安娜只好通过看她祖父图书馆里的书自学。大概在这个时候，她开始写作，并为一个附近城镇的宗教节日作了一首诗。

胡安娜快10岁时搬去墨西哥城和亲戚住在一起。关于胡安娜天赋的传言散开。几年后，她被邀请到墨西哥王侯（仅次于国王的统治者）和他妻子的宫殿做客。在那里，她可以继续学业，并在宫廷献诗、唱歌、表演戏剧。胡安娜的智慧和能力受到了广泛的尊重。她15岁时参加了由墨西哥首屈一指的知识分子主持的口试，并以出色的表现通过了考试。

胡安娜非常渴望继续学习，但她知道在17世纪的墨西哥，作为一个女孩，她的角色只能是一个妻子和母亲。她能够成为学者的唯一途径是当一个修女。于是在1669年，她进入了一个修道院，成为了胡安娜·伊内斯·德拉克鲁兹修女。

在修道院，她享受着让她兴奋的文化生活，并经常招待来做客的上流社会的人物。不过最重要的是，她有机会继续学业。她使用当时最精密的仪器研究科学。不过有的时候教会会反对她进行科学研究，甚至有一次她被勒令停止实验长达几个月的时间。然而即便如此，胡安娜修女也没有完全放弃科学。她发现在每天的生活中，她也可以进行科学观测，比如煮鸡蛋或观察修道院的布局。

胡安娜修女创作的诗歌和戏剧在墨西哥和西班牙发表。这些作品主要探讨女性在社会中的地位。她认为女性应该被给予更多权利和独立性。

胡安娜非常关注自己的智力发展。她甚至拒绝吃奶酪，因为她听说奶酪会使人变笨。（不过这并不是真的）

1695年，一场可怕的瘟疫席卷了墨西哥，在胡安娜修女照顾修道院中一些感染了瘟疫的姐妹后也得了病。她最终没有战胜病魔，并于那一年去世。今天，胡安娜修女仍然鲜活地活在她的文学作品里，而作为一个有才华的学者和作家，她拒绝掩盖自己的才智或放弃梦想的故事也流芳百世。

在她的一生中，胡安娜建立起了一个藏书量4000册的图书馆——那是当时墨西哥最大的图书馆。

《第一梦》被认为是胡安娜修女最重要的诗歌之一。它优美而充满了象征意义的语言讲述着心灵的苏醒：

……
幻境从容地复制着
一切事物的影像
掩映的树丛在脑海的彩色中
若隐若现
没有光也美丽依旧
不同于已经被创造的万事万物
这儿，在这个月色朦胧的世界
智慧之星璀璨生辉
只要那些看不见的构想
还存在于她的力量中
在她的心中巧妙地描绘着它们
将它们展示给灵魂

你将如何撼动世界？

我要写一本让人们大开眼界的书来震惊世界。我要采访那些生活在危机中的人们，让数百万的人们听到他们的声音。写这本书不仅可以让这些人发出他们从来没有发出过的声音，让他们有机会成为一场更大社会运动中的一部分。

——马蒂·辛纳克，13岁

Laura Bassi

劳拉·巴斯

——博洛尼亚的密涅瓦

1711～1778 ❂ 物理学家 ❂ 意大利

（劳拉）不惧怕任何人。她意志坚定，具有远见卓识，力争赢得 18 世纪被男权统治的科学世界的认可。

——玛塔·卡瓦扎，传记作者

“妈妈，妈妈，我现在可以走了吗?”磨损的刺绣皱巴巴地躺在年幼的劳拉的腿上。母亲叹息着看着对刺绣毫无兴趣的劳拉，唏嘘不已。第一百次，她觉得这个孩子本应该是一个男孩。她不情愿地点了点头，劳拉迅速将她厌恶的刺绣扔在一边，兴致勃勃地跑去迎接她刚到的老师，迫不及待地开始每天的课程。

年轻的劳拉·玛利亚·卡特里娜·巴斯对学习如饥似渴。1711 年她出生于意大利的博洛尼亚，正值启蒙运动的开端，这是一个对世界的探索蓬勃发展的时代。这之前的几个世纪，人们惧怕未知、敬畏生命；而现在，人们开始提出问题、观察世界，理解他们身边的未解之谜。越来越多的未解之谜被揭开，人们对未知的神秘感也在逐渐减少。

劳拉被认为是拉丁文、逻辑、形而上学、物理学、代数、几何、希腊语和法语等领域的专家。

不幸的是对劳拉而言女性不能享受启蒙时代之光。人们认为，像她一样的上流社会的女孩应该去学习针线活、做家务、管理仆人，为成为一个母亲作准备。没有人希望她们对自然界感兴趣，有人甚至认为她们没有理解世界的智慧。不过，劳拉并没有在这些偏见面前退缩。在她的一生中，她从来没有按照别人期待的那样生活。

劳拉有一个非常好的老师，他是博洛尼亚大学的教授，也是巴斯家族的医生。在劳拉父亲的请求下，他同意成为劳拉的老师并每天拜访巴斯别墅。在阳光灿烂的花园里，劳拉学习了数学、哲学、解剖学、博物学和语言。

在劳拉 20 岁的时候，她的老师宣布他已经教给了她所有他能教的东西，现在是她参加公共考试的时候了。他把劳拉带到大学里，接受博洛尼亚最优秀的教授的考验。这些博学的教授们都是男性，在几个小时的考试中，他们检查劳拉学习的课程，提出挑战性的问题，但劳拉的表现让他们难以置信。

如果你是那个年代的一个启蒙思想家①，你会质疑权威，检查自己偏见的动机，将经验作为最好的老师。

劳拉不仅给出了正确答案，还不卑不亢地和他们辩论。尽管她是一个女性，他们也不能否定她的知识和才能。在共和宫(公共宫殿)一个庄严的仪式上，她被授予了大学解剖学教授的头衔，并成为了科学院的成员。在博洛尼亚大学 600 年的历史中，还没有女性能够被提名为教授。劳拉是史上第一人。

劳拉因为随和的个性和乐善好施的品质而备受尊重。在当时一些著名的思想家访问博洛尼亚的时候会寻求和劳拉会面，比如伏尔泰。

但是随着时间的推移，劳拉清楚地认识到，无论她取得多大的成就，她都被认为是“特别”的。这样的“特别”并不具有积极的意义，这意味着她不能像其他男性教授一样参与大学活动。她是一个气质优雅的年轻女性，擅长和人打交道，因智慧和学识而富有魅力。大学的领导者们认为她会成为一个大人

① 启蒙运动通常是指在 18 世纪初至 1789 年法国大革命间的一个新思维不断涌现的时代，与理性主义等一起构成一个较长的文化运动时期，覆盖了各个知识领域，如哲学、伦理学、政治学、经济学、历史学、文学、教育学等。这一时期的思想家被称为启蒙思想家。——译者注

物。他们试图限制她的活动，只让她去主办派对、迎接尊贵的客人。劳拉被称为博洛尼亚的密涅瓦。密涅瓦是罗马智慧、发明和艺术女神的名字，这是一个可爱的头衔，但劳拉不需要头衔，她想要执教。

在这场游戏中她巧妙地扮演着自己的角色，在履行职责的同时也赢得了一些有实力的朋友。然后，她回家后默默地做她想做的事情。她丈夫是物理学家朱塞佩·瓦拉迪，他支持她私下里设立教学实验室。在她不断扩大的家庭成员的拥护下(她最终有了 12 个孩子)，她得以继续执教并从事物理学研究，而无须顾忌那些指责她只顾工作而忽视照顾子女的男性学者们。

即使劳拉感到困扰，她也从不抱怨。她埋头于研究和教学，而且也不像绝大多数男同事一样为发表研究成果或争名夺利而担心。对她而言，获得知识才是最终的目标。

同行的不信任和对她施加的压力没有让劳拉放弃，她一边恰当地处理着与同事的关系，一边专注于自己的研究。终于在 1745 年，她多年的努力获得了回报。劳拉终于获得了她早应该得到的认可！她被允许教授那些所谓的“男性科学”——力学、水文测量学和弹力学。同时，教皇本笃十四世[①]提名她为本笃学院成员。但是，即便拥有教皇的支持，她的同事们仍然想方设法地阻挠她，不允许她投票，虽然作为学院的成员，她有权投票。

尽管饱受那个年代的歧视，劳拉在物理领域的权威性却很少被人质疑。她证明了女性能够做的不仅仅是家务。作为一个老师，她美名远扬。在她 65 岁时，也就是她去世的前两年，劳拉被任命为博洛尼亚科学院实验物理学荣誉主席。

劳拉·巴斯是为女性平等而斗争的先驱者，她对抗大男子主义所取得的胜利对每一个与众不同的女孩儿来说都是一种鼓舞。劳拉向世界证明了，生而不同未尝不是一件美妙的事情。

---

① 本笃会是天主教的一个隐修会，又译为本尼狄克派，是在 529 年由意大利人圣本笃在意大利中部卡西诺山所创，遵循中世纪初流行于意大利和高卢的隐修活动。会士们除完成日常的灵修活动外，还誊抄古籍及从事宗教艺术与教育事业，对保存欧洲古代文化遗产有一定作用。本笃十四世就是天主教会第十四位以本笃为名号的教宗。——译者注

你将如何撼动世界？

我的梦想是成为一个作家，和J.K.罗琳一样有名，和里克·赖尔登一样有趣，比莎士比亚和肯·福利特加在一起发表的作品都要多。我想写一些带隐喻的书，或写一个主题系列的书。我想写那些在男权主导的历史时期强有力的女性人物故事。这样我就可以巧妙地通过小说告诉人们关于女性的故事。也许，我是唯一这样想的女孩，但有一天我会鼓舞千千万万的人们去震惊世界。

——凯特·萨缪尔斯，13岁

Eliza Lucas Pinckney

伊莉莎·卢卡斯·平克尼

——美国农业先驱者

1722～1793 ❁ 农业企业家 ❁ 美国

我在经营三个种植园，这需要处理很多文件，还有很多你所想象不到的辛苦。但是你们千万不要认为这些对我这样一个年轻女孩来说负担太重了，我向你们保证我很快乐……

——伊莉莎·平克尼

伊莉莎的家人默默地聚在她父亲的身边，看着他手中的这封信。伊莉莎知道这不可能是好消息，因为他们看上去都很紧张。父亲的眼里充满了忧伤，他告诉家人，军队召他回安提瓜[①]。虽然他们才在南卡罗来纳州安家，他没有选择，只能离开。“但谁来照顾种植园呢?”伊莉莎的妈妈问。大家都知道，她身体太虚弱，没有她的丈夫，她没有精力经营种植园。“我可以做到!”16岁的伊莉莎平静地说。她的家人目瞪口呆地看着她，惊讶不已。

伊莉莎言出必行，不久后她就开始了经营种植园的繁忙生活。每天早上5点，天还没有亮，伊莉莎就起床了，先读两个小时的书。然后她就起身去种植园地里监督工人们干活儿。当太阳终于从东边升起来的时候，她开始吃早饭，然后听一个小时的音乐，再花一个小时学习。除了自己学习，她还教妹妹和几个种植园的奴隶阅读。晚饭后，伊莉莎会花几个小时计算种植园的账目，接着又做针线活到深夜。最后，在她筋疲力尽之际才去睡觉，但即便如此，她往往还会抓紧熟睡前的最后一点时间读书或写作。

---

① 安提瓜是加勒比海的一个岛国，离美国的佛罗里达州大约2000公里。国土面积大约442平方公里。英联邦的成员国之一。——译者注

1722年12月28日，伊丽莎·卢卡斯出生了，没人知道这个小女孩命中注定会成为历史上最伟大的农业发明家之一。她出生在西印度群岛[①]，父亲是一位驻扎在当地的英国军官。伊莉莎在安提瓜度过了童年时光，之后被送往英国接受教育。在她16岁的时候，全家人移民到美国南卡罗来纳州，在那里，她的父亲在瓦普河畔继承了一处种植园。

在全家人到达美国的一年后，伊莉莎的父亲收到了召他回安提瓜的电报。她母亲的健康状况令人担忧，所以17岁的伊莉莎担负起了运营种植园和其他两处家族财产的工作。在仅有父亲信件指导的情况下，伊莉莎照顾了种植园生意的方方面面。就像其他南方种植园大量依赖于奴隶劳动力，伊莉莎管理着二十多个奴隶和其他雇佣劳动力，并同时挤出时间照顾母亲和妹妹。

尽管她的种植园像那个时代的其他种植园一样使用奴隶，伊莉莎每天会抽出时间教几个奴隶阅读。她希望有一天，这些女孩也可以教其他无法受教育的奴隶的孩子们。

伊莉莎对种植园最重要的贡献莫过于她在少女时代对农作物的改良。她的父亲偶尔会从安提瓜寄一些新品种的种子，伊莉莎就在南卡罗来纳的土壤中培育它们。在尝试种植了棉花、姜和苜蓿后，伊莉莎收到了一些靛蓝的种子。

靛蓝草被用来制作纺织物和墨水的蓝色染料。今天，许多染料是人工制成的，但在伊莉莎的时代，靛蓝因其不掉色的染色特性而需求量巨大。英国的布料生产商严重依赖靛蓝，并被迫向法国等少数可以生产靛蓝的国家大宗购买这种染料。

在几年内，伊莉莎就对法国的靛蓝种植者造成威胁，成为他们真正的竞争对手。然而，在那之前，她还是遇到了不小的挫折。1740年，伊莉莎第一次种植靛蓝种的时候，几乎整片作物都被早霜摧毁了。还好，伊莉莎有先见之

① 西印度群岛（West Indians）是北美洲的岛群，位于大西洋及其属海墨西哥湾、加勒比海之间。——译者注

明，为来年预留了一些种子。可是，这些珍贵的种子只产出了 100 株靛蓝，因此种植园的靛蓝产量非常稀少。

伊莉莎的父亲从西印度群岛派了一名非常有经验的染料制作师，协助伊莉莎将靛蓝作物加工成染料。这是一项精细的工艺，需要精确的时间和对添加剂的准确计量。染料制作师担心如果靛蓝在南卡罗来纳试验成功，会和西印度的靛蓝形成竞争关系。于是，他故意在混合液中放了过量的石灰，破坏了颜色，毁了伊莉莎最后的一点靛蓝。

但是，伊莉莎想创业的决心已定，她坚持继续种植靛蓝草。终于，在 1744 年，瓦普种植园出产了大量的靛蓝作物。伊莉莎制作出了 17 磅的靛蓝染料，并出口了 6 磅给英国。英国的布料生产商宣布她的产品和法国的一样好，甚至比法国的还要好。

伊莉莎为这次的成功感到高兴，并将靛蓝的种子分享给了南卡罗来纳的其他种植园主，还传授给他们种植技巧。不久，这种新的物种在美国繁荣生长，南卡罗来纳州也多了一个利润可观的出口农作物。在 1747 年，南卡罗来纳的种植园出口了超过 13.5 万磅的靛蓝，并最终使年产量超过了 100 万磅。

伊莉莎的实验性企业使 21 岁的她成为了一个富有而独立的女性。她拒绝了两次求婚，并在 1744 年决定嫁给一个颇有声望的律师查尔斯·平克尼。他们在查尔斯顿建了一座宅邸，而伊莉莎在婚后继续照看家族的种植园，从事农业和园艺方面的工作。她尝试种植各种农作物，包括亚麻和大麻，甚至试着养蚕，生产丝绸。

伊莉莎婚姻美满，生了 4 个孩子。这位农业先驱者的生命历程还见证了独立战争和美国的建立。1793 年，70 岁的伊莉莎死于癌症。她去世后，她对美国经济所作出的贡献才广为人知。她的远见和坚持为南卡罗来纳带来了一种十分重要的农作物、帮助美国种植园繁荣发展了几十年。在伊莉莎的葬礼上，总统乔治·华盛顿要求以个人名义护送她的灵柩。

行动大明星

在温特·维尼柯基的爸爸被诊断出患有前列腺癌的时候，这个9岁的女孩忽然意识到，人们对这种夺去她父亲生命的癌症还缺乏认识。于是她成立了非营利组织“冬之队”，以提升公众对前列腺癌的认识，并资助相关的研究。不幸的是，她的爸爸从来没有机会看到“冬之队”从一个想法发展成为行动，在确诊后的10个月就去世了。温特获得过两次全国儿童铁人三项赛事的冠军，她通过跑步来引起公众对前列腺癌的关注，并在全美国的学校中举办了温特励志讲座系列。现在，来自世界各地的运动员为“冬之队”而跑，温特因而为前列腺癌的宣传和研究筹集了超过30万美元的善款。她所做的这一切都是为了纪念自己的父亲。

Phillis Wheatley

菲丽丝·惠特利

——非裔女诗人

1753～1784

毫无疑问，菲丽丝·惠特利不仅属于美国非裔文学传统，甚至可以说，她一手开创了这个传统。

——威廉·H.罗宾逊，传记作者

这个年轻的黑人女孩一脸惶恐地站在平台上，面对前方的一群白人瑟瑟发抖。她几乎没有穿任何衣服，赤着的双脚感到强烈的疼痛。对她来说，波士顿港口繁忙的景象和嘈杂的声音是如此的陌生，她多么渴望回到大洋那端——她熟悉的家中。然而，这个7岁的非洲女孩被绑架到这片新大陆，即将被当做奴隶买卖。她孤苦无依，忧伤地看着这些白人的面孔，在想自己的下一个家会在哪里。

在那个年代，许多美国殖民者的家庭拥有奴隶。他们使唤这些奴隶做家务和其他工作。在1761年夏天的一天，苏珊娜·惠特利出去为自己的家庭购买奴隶。苏珊娜想寻找一个陪伴她的人，可以在她的女儿结婚和离家后填补家庭的空缺。

在她面前站着许多被捆绑着的非洲人，苏珊娜一眼就注意到了这个幼小羸弱的赤足女孩。她买下了这个孩子，带回家，希望她可以做一些杂务、陪她聊天。不过，这个年幼的奴隶注定会做出伟大的事情。她天资聪颖，克服了难以想象的困难成为了一位知名的诗人。

与许多非洲奴隶一样，菲丽丝的出生背景并不确定。她可能出生在1753年，来自西非的富拉部落。那时候，贩奴者绑架了非洲的孩子，把他们带到美国来贩卖。菲丽丝所乘坐的运奴船穿越变幻莫测的大西洋，于 1761 年抵达波士顿。惠特利家购买了她，叫她菲丽丝。按照当地的风俗，菲丽丝随惠特利姓。

菲丽丝以她难以置信的才能震惊了每一个人。仅用了 16 个月，她就学会了读英语，她 12 岁时开始学习拉丁语。菲丽丝热爱阅读，但她真正的热情在于诗歌。菲丽丝只有 14 岁时就开始出版诗集。

幸运的是，惠特利家的人非常支持菲丽丝的创作。许多奴隶被粗鲁对待，但惠特利家鼓励菲丽丝在她有空的时候阅读和写作。

菲丽丝在她的床头随时摆放着笔和墨。惠特利家允许冬天的时候让屋内的壁炉燃烧一个晚上，这样她就有一间温暖的房子去激发灵感，进行写作。

菲丽丝在少女时代就因为她的诗歌成为波士顿的名人。她经常拜访当地的名流家庭，和城市里最有学问的人交谈。诚然，菲丽丝享受着一些小特权，但这也无法改变她是一个奴隶的事实。她仍然需要与根深蒂固的种族歧视和不公正斗争。

菲丽丝 17 岁时写了一首让她闻名世界的诗。这首诗是写给一位刚过世的牧师的，并在美国的各殖民地出版，最终传到了伦敦。几年后，菲丽丝的诗集在伦敦出版，菲丽丝因而有了去英国的机会。菲丽丝是美国文学史上第一位出版书籍的非裔女作家，也是第一位出版诗集的黑人作家。

菲丽丝·惠特利仍然鼓舞着今天的作家。在菲丽丝诗集出版 200 周年纪念日上，来自全美国的非裔女诗人聚在一起，纪念她的传奇。

在 1775 年，菲丽丝写了一首诗赞美乔治·华盛顿，当时的美国军队指挥官，后来的美利坚合众国总统。诗的结尾是这样的：

前进吧，长官，荣誉与你同在，

让女神来指挥每一次的行动，

一顶王冠，一座官邸，
一个闪闪发亮的宝座，
华盛顿！永不泯灭的金色，
这些都是你的。

华盛顿对这首诗印象非常深刻，他邀请菲丽丝参观他在剑桥镇的总指挥部。你可以想象出菲丽丝当时有多么紧张！但菲丽丝收起了紧张和害怕，从容淡定地与美国最有名的领袖和他的军官们交谈，成功完成了30分钟的参观活动。

在菲丽丝的诗集发表后不久，惠特利家给了菲丽丝自由，她终于从奴隶制中解放了出来。尽管，菲丽丝以一个奴隶的身份度过了人生的大部分时间，但她的诗歌却常常歌唱自由。她也以宗教为主题进行创作，并为名流写挽歌。作为一个诗人，她的成就斐然。而当你想到在美国的殖民时代，作为一位女性、一个非洲人、一个奴隶，她所遇到的困难和障碍是难以想象的，她所取得的成就更加难能可贵。

你将如何撼动世界？

我将用我的声音震惊世界。我会写关于爱与和平的歌曲，然后唱着我的歌环游世界，鼓励人们相亲相爱。我也要唱给小朋友们听，向他们传播爱。

——托娅·乔伊斯·卡卡济，13岁

Elisabeth Vigée-Le Brun

伊丽莎白·维瑞·勒布伦

——法国肖像画家

1755～1842 ◎ 画家 ◎ 法国

我对绘画一无所知；但通过你，我渐渐爱上了它。

——法国国王路易十六评价伊丽莎白为他妻子玛丽皇后创作的肖像

舞台渐渐暗下去，伊丽莎白看着她周围的观众。她的身边坐着一群男男女女，他们衣着华丽，头戴奢侈的假发，佩戴者闪闪发光的珠宝。在他们中间的就是她——一个靠卖画为生的少女！大幕揭开，她将目光转向舞台，一个年轻的女孩站在画板前，一只手拿着画笔，另一只手捧着颜料盒。她的模特头戴草帽，身着一条朴素的纱裙，风姿绰约。

她好像在哪里见过这个画面？伊丽莎白又惊又喜，她终于意识到这些演员在表演的正是她人生中的一个场景——伊丽莎白正在为皇后玛丽·安托瓦内特画像！在这幅肖像中，和以往扑着厚厚的粉、戴着精致假发的皇后不同，伊丽莎白试图以一种更为自然的方式表现这个法国最有名的女人。然而，很多人批评伊丽莎白笔下的皇后衣着暴露，好似只穿着内衣。不过，谢天谢地，那群批评家不在这里！观众们全部站起来，向她鼓掌致敬，伊丽莎白拼命忍住眼泪，在她的一生中，她从来没有如此激动和骄傲过。

伊丽莎白最有名的作品莫过于她给玛丽·安托瓦内特创作的画像。因为皇室斥巨资邀请艺术家作画，这幅画受到了严厉的批评，而不得不反过来挂在巴黎的卢浮宫。直到法国大革命结束，它才有机会正面示人。

想象一下，在15岁就成为了有才能的画家，就连国王、王后和其他国家元首都来请她为他们画像。伊丽莎白被认为是有史以来最有天分和最成功的肖像画家之一，她也是那个时代欧洲富人和名流的御用画家。然而，伊丽莎白出身平凡。她出生于一个巴黎的中产阶级家庭，父亲是一个小有成就的画家。他经常让自己的女儿摆弄他的颜料和画笔。

从6岁到11岁，伊丽莎白住在一个修道院里。在那里，她第一次展示了自己的艺术才华。她在回忆录中写道：

> 在修道院期间，我不停地素描，在每一个可以作画的物品表面上涂上我的画；我的练习本……边边角角的地方充斥着我画的头像和轮廓。我用炭在宿舍的墙上构图……你可能会猜到，我经常受到惩罚。

在她回家一年后，伊丽莎白挚爱的父亲被一块鱼骨头卡死了。他只给家人留下很少的钱。迫于生计，伊丽莎白开始卖画。尽管她几乎是自学成才的，15岁的她已经显示出了超人的天分，她用自己卖画所得的钱支撑着整个家庭。

她的名声迅速传开，不久，这个天才少女邀约不断，被邀请去为法国的贵族们画肖像。与此同时，伊丽莎白的母亲再婚，嫁给了一位珠宝商。伊丽莎白讨厌这个男人，他穿着她父亲的衣服，脾气暴躁，逼伊丽莎白把所赚的钱都交给他。为了逃避继父，她草草地和艺术收藏家让·巴蒂斯特·皮埃尔·勒布伦结了婚。她的朋友并不看好这段婚姻，警告她说："你这好像在脖子上捆石头，再把自己扔在河里。"但伊丽莎白没有其他选择，她已经绝望了。

遗憾的是，她的朋友是对的。她的丈夫不仅分文不赚，还夺走了伊丽莎白丰厚的财产，用来吃喝嫖赌。这让伊丽莎白非常痛苦。

> 我真正的也是唯一的幸福就是画画
>
> ——伊丽莎白·维瑞·勒布伦

幸运的是，艺术给了她幸福。在1778年，年仅23岁的她就名声大噪，就连皇后玛丽·安托瓦内特都坚持邀请伊丽莎白成为御用的宫廷画师。伊丽莎白这样描述皇后："我立刻就被皇后陛下庄严的气质所折服，而她却以如此和蔼可亲的态度和我讲话，她的亲切让我原来的担忧烟消云散。"宫廷的订单让伊丽莎白成为了最受欢迎的肖像画家。皇室成员和当时最具影响力的领袖们争相追捧她的肖像画，这为她带来了一笔可观的收入。

画像中的皇后和公主们第一次穿上了掩盖她们上流社会地位的服饰。伊丽莎白甚至设立了新的时尚标准，鼓励她的模特们停止向头发上扑粉，以一种更加自然的方式表现自己。这些女人看到画像中的自己变得更加漂亮，十分开心。伊丽莎白总有一种魔法般的才能，她可以从一个最没有吸引力的人的身上看到内在的美。

伊丽莎白没有完成俄国女沙皇叶卡特琳娜二世的肖像。创作才进行了一半，女皇就被她的儿子保罗谋杀了。

随着时间的推移，衰败的皇室变得越来越不受欢迎。伊丽莎白也一样。关于她的谣言不断：她收取巨额费用作画，她举办奢靡的派对，她和财政大臣有婚外情……但最糟糕的是，伊丽莎白的敌人们声称她的画并非她本人所作，而是出自一个男人之手。

1789 年，法国大革命爆发。革命者处决了玛丽·安托瓦内特、大多数皇室成员和他们的朋友。伊丽莎白很害怕，她知道由于她和皇后的关系，她很有可能成为下一个。于是，她带着女儿逃往意大利，12 年没有回法国。

在逃亡期间，伊丽莎白游遍了欧洲——意大利、奥地利、捷克斯洛伐克、德国、瑞士、英国和俄国。她为造访的每一个国家的皇室成员和重要人物画肖像来养活自己和女儿，其中包括另一位臭名昭著的女皇——俄国的叶卡特琳娜二世。

游历期间，伊丽莎白最终与丈夫分道扬镳。在一封她从莫斯科发给丈夫的信件中，她展示了自己不同寻常的独立的一面：

如果没有工作，我可以做什么？如果我生病了，你一定会让我饿死；先生，你不仅不储蓄，还把钱花在那些欺骗你的女人们身上，赌博输个精光……我从来不会把自己的财富交在陌生人的手上，因为钱太难挣了……我也不会随便听取任何人的意见。

在一个女性几乎不能自立的年代，伊丽莎白选择成为一个单身母亲，自给自足，环游世界。

在 1802 年，255 名艺术家集体请愿，让伊丽莎白回国，她才被允许重新回到法国。直到年老，她还保持着旺盛的创造力。在 19 世纪 30 年代，她发表了自己广为流传的回忆录。在她七十多岁的时候这样评价自己的作品："(对绘画的)热爱从未减少过……(我)希望它的力量只有在我的生命停止时才结束。"

也许艺术既给予了她力量，也赋予了她能量——她活了 87 岁！在她的一生中，她创作了超过 900 幅作品，这些作品大多陈列于一些世界闻名的博物馆，如巴黎的卢浮宫、纽约大都会艺术博物馆、意大利乌菲齐画廊，还有伦敦国家美术馆。她与拉斐尔和卡拉瓦乔等大师齐名，在"女权主义"诞生的 200 年前，她的传奇就鼓舞了女性画家和追求独立的女性们。

行动大明星

安吉安·克莱玛力克

安吉安·克莱玛力克的妈妈是一个立陶宛人，而爸爸是一个美国人。她 4 岁开始涂鸦，6 岁开始绘画。现在，安吉安只是一个十来岁的小姑娘，就已经在近 50 个国际电视节目中展现了她的艺术作品，而她的画也卖了高达 300 万美元。她还是一个诗人，写了两本书：《安吉安：艺术、生活与诗歌》和《梦想比我大：明天的记忆》。

Maria Theresia von Paradis

玛利亚·特蕾莎·冯·帕拉迪斯

——奥地利盲人钢琴家

1759～1824

帕拉迪斯小姐是一个我们国家不能给予太多赞誉的艺术家……这个天才的键盘玩家实在是让人惊讶……我们不知道还有谁的演奏能比她更准确无误、优美动听。

——《法国文雅信使报》

玛利亚·特蕾莎的小手飞快地滑过琴键。她什么也不看，只去感受指尖下冰凉、顺滑、舒服的象牙面。她按下琴键，清脆悦耳的声音随之飘出来，让她沉醉其中。尽管她年龄还小，只能勉强够到钢琴的琴键，可是特蕾莎已经被这种乐器深深吸引了。

在不久的将来，这个年轻的女孩将会震惊全世界的听众，成为第一个公开演奏的著名女音乐家之一。作为一个盲人钢琴家，玛利亚能弹会唱，还可以作曲、教学生，她不仅为女性开辟了新道路，也为盲人树立了新的榜样。

玛利亚·特蕾莎·冯·帕拉迪斯于1759年生于奥地利维也纳。她的父亲是女皇玛利亚·特蕾莎的宫廷秘书，而她也得以以女皇的名字命名。在玛利亚3岁的时候，她失去了视力。有人认为她是在生了一场大病后变盲的，另一些人则认为她是因事故致盲的。玛利亚在孩提时就已经展现出过人的音乐天赋。虽然她不能用她的眼睛看乐谱，但她却可以用耳朵学习和记忆。

她的才华让女皇惊叹。女皇负担了她音乐教育和通识教育的费用，玛利亚因而可以向当时最好的老师学习音乐。她11岁时举办了第一场公开表演，弹风琴并演唱。她16岁时就以钢琴演奏家和伴唱歌手的身份被大众认可。

1783年，玛利亚·特蕾莎开始了她为期三年的欧洲巡回音乐会。她所到之地皆受到高度的赞誉。不过，她最重要的一站可能是巴黎，不仅因为她在那里举办过 14 次音乐会，还因为在巴黎玛利亚遇见了计划在欧洲开设第一家盲人学校的瓦伦丁·阿羽依。在那个年代，残障人士被社会所忽视，玛利亚·特蕾莎热切希望为其他盲人提供机会，发挥他们的才干。她向阿羽依解释她是如何学习数学、阅读和音乐的，以便她将这些方法应用于她的学校，去教授其他盲人。

玛利亚·特蕾莎是一位非凡的钢琴家，她鼓舞了其他音乐家，如著名作曲家沃尔夫冈·阿马德乌斯·莫扎特和弗朗茨·约瑟夫·海顿。莫扎特和海顿为她写过钢琴协奏曲，安东尼奥·萨列里为她创作过一首风琴协奏曲。

在巡回音乐会期间，玛利亚开始创作音乐。她开发一套方法，用钉板记录乐谱。然后，其他人再把她的乐谱记录到纸上。这个天才音乐家至少创作了 5 部歌剧、3 部清唱剧(一种清唱和乐器演奏相结合的曲子)，还有许多短篇作品。

玛利亚·特蕾莎最令人叹服的才能之一是她的记忆力。她可以仅凭记忆演奏至少 60 部钢琴协奏曲，还可以记住她创作的所有曲子。

1808 年，玛利亚在维也纳开设了自己的音乐学校。她想要为女孩创造受到良好音乐教育的机会，这样的机会通常只有男孩才能获得。她的学校教授钢琴、声乐和音乐理论，学生有盲人也有非盲人。玛利亚的学校取得了巨大的成功，她有生之年一直坚持教学。玛利亚努力战胜的不仅是生理的缺陷，还有社会对女性和残障人士的偏见。在她的一生中，她向世界证明了一个女孩可以取得的成就是无限的。

你将如何撼动世界？

我会在高中和大学阶段跳舞。我要发起一个叫“狠狠跳”的社团，让大人和孩子一起享受跳舞的乐趣。然后，我要为患有癌症的孩子们开一家舞蹈公司。

——艾米丽·克里夫特，13 岁

Sacagawea

萨卡加维亚

约 1789～1812 向导和翻译 美国

在通向太平洋那危险而漫长的道路上，你的女人陪伴你，她付出的努力应该获得我们所能给她的更多赞誉。

——威廉·克拉克写给萨卡加维亚丈夫的信

混乱无处不在。一艘船要翻了！几个人开始用桶把水从船里舀出来。另一个人吃力地控制着舵，还有两个人拉着帆。他们都处在惊恐中。在嘈杂慌乱中，只有一个人保持着冷静。16 岁的萨卡加维亚把她才出生不久的儿子绑在背上，在摇摇晃晃的船上保持着平衡。

让大家更恐惧的是，船上一些贵重物品坠入河中漂走。他们眼睁睁地看着食品、珍贵的器材还有航海日志落入水中！领队刘易斯和克拉克撰写的日志是对他们这次历险的唯一记录。现在，它们正随着湍急的水流漂走。萨卡加维亚保持着镇静，她知道自己要做什么。船上的人惊讶地看着这个年轻的姑娘背着婴儿跳入水中。萨卡加维亚几乎挽救了所有东西，包括那些航海日志。

整个旅程绵绵数千英里，上高山，下瀑布，萨卡加维亚都随身带着她的儿子庞贝，用一块硬纸板把庞贝绑在背上。

那一天，萨卡加维亚让重要的物品幸免于难，不过，这只是旅程的开始。在刘易斯和克拉克随后的远征中，这个年轻的女孩证明了她是他们不可或缺的翻译、向导和路标。

1789 年前后，萨卡加维亚出生在爱达荷州的肖肖尼部落。11 岁时，她被附近的敌对部落希达察族人捕获，和另一名同被捕获的女孩被带到北达卡他州以东几百英里的地方。在那里，她成为了曼丹印第安村落的一个奴隶。几年后，法裔加拿大籍皮革商人图桑特·夏博诺娶了她。16岁时，萨卡加维亚生下了儿子让·巴蒂斯特，不过她通常称呼他为“庞贝”，在肖肖尼语中的意思是“男人的领袖”。

1804年，由探险家梅里威瑟·刘易斯和威廉·克拉克带领的探险队“发现部队”抵达曼丹村落。总统杰斐逊派遣他们探索密西西比河西部的土地，而他们需要向导和翻译。刘易斯和克拉克雇佣夏博诺加入远征，这其中最主要的原因是刘易斯希望夏博诺的土著妻子帮助他们翻译。16岁的萨卡加维亚带上才出生的儿子，准备离开这个把她当做奴隶的村庄，向西边她家乡的方向前进。

在这场漫长而艰难的跋涉中，萨卡加维亚教远征队的成员们如何找到并烹饪可食用的植物，这样在他们食物供给殆尽的时候就不至于被饿死。而这样的事情发生过好几次。她引导远征队穿过蒙大拿州，作为翻译和肖肖尼部落沟通。对西部的土著人来说，萨卡加维亚和庞贝就是和平的象征。

在1805年8月，远征队急需找到马匹继续旅程。他们决定向肖肖尼人寻求帮助。萨卡加维亚童年的记忆是他们唯一的指导。刘易斯在他的日志中写道：

这个印第安女人认出了我们右边高地的一点，她告诉我们她族群的避暑胜地就在山那头向西奔流的河边上，离这儿不远了……她向我们保证我们可以在这条河附近或水源西边找到她的族人……现在，尽快见到这些人是当务之急。

几天后，他们真的找到了肖肖尼人。肖肖尼的酋长贾米尔哈维特热情地欢迎了远征队员们。在庆祝活动中，一个肖肖尼女人认出萨卡加维亚。在几年前萨卡加维亚被希达察人绑架走的那一天，她惊险地逃过了这一劫。久别重逢，两个女人相互拥抱，流下了激动的眼泪。

传说内兹佩尔塞部落曾计划干掉刘易斯和克拉克的整个远征队。萨卡加维亚说服他们，让他们相信远征是一次和平的探索。她指出，如果他们有意挑起战争，他们就不会留着一个女人和她的孩子带在身边。

那天下午，刘易斯召集远征队的首领和部落的酋长们举行了一次会议。萨卡加维亚将作为酋长的翻译参加会议。在会议开始不久后，萨卡加维亚跳了起来，跑过去抱住似曾相识的酋长。是的，酋长贾米尔哈维特正是萨卡加维亚的兄弟！

远征队被肖肖尼族人当做贵客招待，在当地停留了一个月。在他们要走时，酋长给了他们食物、马匹以及穿越落基山脉的详细路线。队伍在1805年11月成功抵达了远征的终点站——太平洋。他们在仓促建成的小木屋里度过一个多雨的冬季，并于1806年3月下旬开始了回圣路易斯的旅程。

萨卡加维亚、夏博诺和庞贝随远征队返回。在到达圣路易斯之前，他们与队伍分道扬镳。在那之后，萨卡加维亚的去向少有人知。有些记载说，在她二十多岁的时候生下了女儿丽赛特，不久后于1812年去世。还有一些记载则声称萨卡加维亚回到了肖肖尼族，活了将近100岁。

在美国各地，人们为萨卡加维亚树碑立像，纪念她的英勇。湖泊、山峰、国家公园和童子军女孩夏令营也以她的名字命名。她的头像甚至出现在一美元纪念金币上。她的一生充满了冒险与传奇。

行动大明星

对马恰伊·塔伯恩来说，帮助社区和印第安同胞们非常重要。还只是一个高中生，马恰伊就通过印第安青年组织、各种会议和学生理事会为印第安社区倡导。她获得了诸多奖项，包括北极原住民兄弟会小姐、爱斯基摩—印第安奥林匹克世界小姐和印第安世界小姐。这些世界级的头衔让她成为超过500个土著族群的代言人，奔波于北美。马恰伊拥有依努皮亚爱斯基摩和基奥瓦印第安血统，她就读于阿拉斯加大学费尔班克斯分校。

Mary Anning

玛丽·安宁

——古化石收集者

1799～1847 ◎ 化石猎人 ◎ 英国

科学家们正是依靠玛丽发现的那些化石破解了世界地质记录。

——雪莱·艾姆灵，传记作者

11 岁的玛丽收起她的锤子和凿子去海岸边的峭壁。前一晚，狂风大作，暴雨如注。玛丽知道雨水会冲走污垢层，让贝壳和化石重见天日。如果运气好的话，她还可以发现一些独特的标本，然后把它们卖给游客。

玛丽走在海滩上，她觉得有点不对劲儿。一堆像骨头一样的东西躺在悬崖附近。出于好奇，她立刻跑过去一探究竟。玛丽慢慢凿开骨骼旁边的石头，凿得越深，她越兴奋。一块她从来没见过的大骨架在她面前显现出来——长尾巴、短鳍肢和锋利的牙齿，它看上去就像一条海龙！

玛丽发现的是第一个也是最完整的鱼龙骨架之一，它也被称为“鱼蜥蜴”，一种生活在约两亿年前的恐龙。这个振奋人心的发现鼓舞了玛丽，她将毕生从事化石的挖掘工作，这项事业让她在世界科学界声名鹊起。

1799 年，玛丽·安宁出生在英国南部小镇莱姆里杰斯。她的父亲是一个木匠，爱好搜集贩卖化石。他经常带着玛丽和他的哥哥在海边寻找贝壳、海胆和其他有意思的东西。游客们喜欢玛丽卖的螺旋状化石贝壳。那时，没有人知道那些到底是什么，后来才发现它们是恐龙时代软体动物的化石。

1810 年她的父亲去世，11 岁的玛丽和她的家人决定继续贩卖化石。几个月后，她就发现了一具恐龙骨架。她雇用了一些采石工人，把骨架从岩石里提取出来，然后卖给了一个为博物馆采购的男人。玛丽发现的生物被命名为鱼龙。

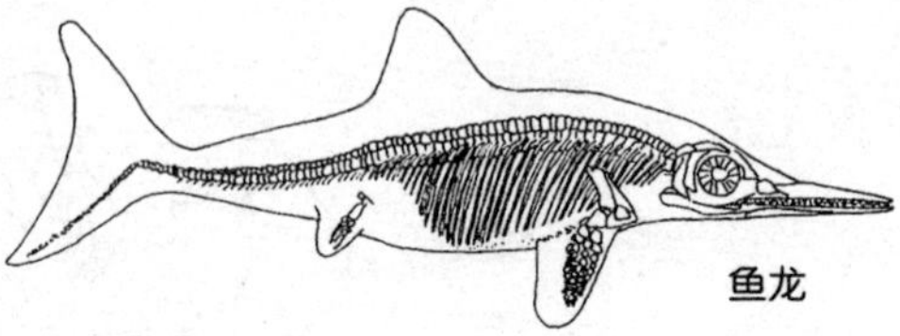
鱼龙

在这次重大发现后，玛丽继续搜索新的化石。在她二十岁出头的时候，她发现了另一具恐龙骨架。这一个被称为蛇颈龙，或“近蜥蜴”，因为它有着瘦长的身体和4个像腿一样的细长的脚蹼。几年后，玛丽发现了一个类似鸟的恐龙骨架。这个后来被命名为翼龙或“翼手龙”的物种有史以来第一次在英国被发现。

在玛丽后来的人生中，她继续挖掘并售卖化石。她把小型的贝壳化石卖给游客，而富人和学者们则对她的恐龙骨架感兴趣。在她的职业生涯中，她找到了其他鱼龙和蛇颈龙，科学家和收藏家们高价购买这些化石进行研究和收藏，增进了人们对这些古老的生物的认识。

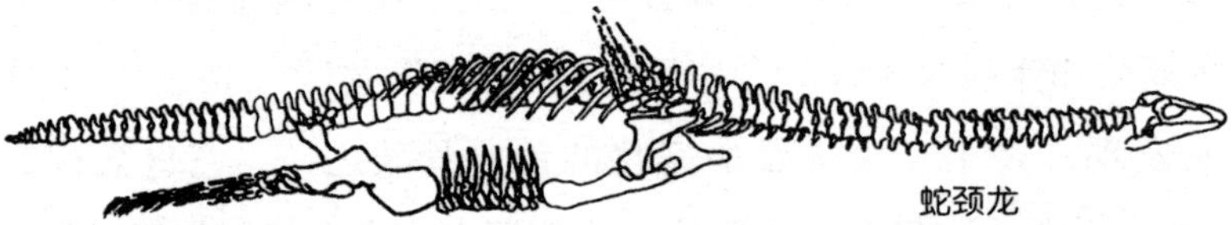
蛇颈龙

1847年，玛丽去世。那时，她已经因为自己的发现而广为人知。作为一个史前化石搜集者，她推动了一个新的研究领域的形成。作为最早的专业的女科学家之一，她为女性打开了一扇门。

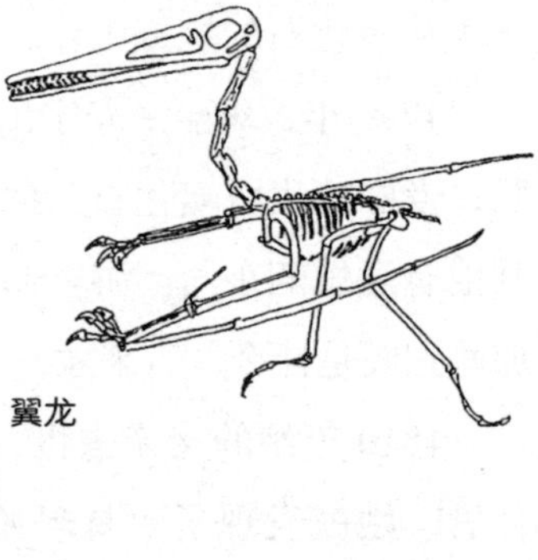
翼龙

你将如何撼动世界?

世界上的环境问题层出不穷:濒危动物、环境污染、森林采伐、人口过剩……这些问题环环相扣,我们不可能分而化之找到一个解决方案。然而,我们可以做的还有很多,比如种树、为保护森林筹资、为动物建立庇护所、抗议偷猎、节能减排、不乱扔垃圾等。我要拯救我们的环境!

——安德玲·勒夫瓦,13岁

The Brontë Sisters

勃朗特三姐妹

1816～1855（夏洛蒂），1818～1848（爱米丽），
1820～1849（安妮）※ 作家 ※ 英国

没有一个懦夫的灵魂会是我的，在暴风肆虐的世界一端也不会颤抖，我看见了天堂之光熠熠生辉，信念与敬畏一同闪耀。

——爱米丽·勃朗特的一首诗，发表于三姐妹出版的第一本书上

夏洛蒂和爱米丽已经钻进被窝里，在油灯下看书。这时有人轻敲卧室的门。她们惊讶地抬起头，到底是谁这么晚了还在敲门？她们鲁莽的兄弟波兰维尔冲进了房间，手里摇晃着一个小盒子大叫道："快来看看爸爸给我带了什么！"他揭开盖子，盒子里是一套涂上彩漆的木头士兵。

夏洛蒂从盒子里拿出一个小人，若有所思地说："这个应该是公爵。"爱米丽拿起了另一个，大声说："这个小人是我的。他看上去那么严肃，我们就叫他格雷威①吧！"他们的小妹安妮在房间里听到了这边的骚动，一路小跑过来。她也为自己选择了一个小人，称呼他为"等待的男孩"。无数个故事在她们的脑海里盘旋：龙、城堡、惊心动魄的冒险和不可预见的危险。那一刻，三姐妹已经开始筑造贡代尔②的神奇世界。在这个阴森孤独的老房子里，她们开始梦想成为著名的作家。

勃朗特三姐妹形容她们对写作的热情如"字恋狂"一般。

① 格雷威（Gravey）是严肃（grave）的派生词。——译者注

② 《贡代尔》是爱米丽·勃朗特写的一部诗体传奇，虚构了贡代尔联合王国一个成员国的公主若西纳，到最后成为联合王国女皇这一生如火如荼的爱情和轰轰烈烈的业绩。——译者注

勃朗特三姐妹孩童时期的梦想成真了，甚至超出了她们最狂野的幻想，然而她们为此付出的代价却是高昂的。三姐妹成功出版了成为文学经典的小说，成为了轰动一时的明星。可她们的生活却蒙上了悲剧的阴影。

久负盛名的勃朗特三姐妹家里原本有6个孩子。除了夏洛蒂、爱米丽和安妮，她们还有两个姐姐——玛利亚和伊丽莎白，一个兄弟波兰维尔。在小安妮出生后，勃朗特家搬去了英国南部的工业城市霍沃斯。那里阴冷潮湿，她们的父亲——牧师帕特里克·勃朗特找到了一份工作。在她们新房子的后面是一望无际的沼泽和旷野，前面是一座教堂和墓地。从窗口向外望去，是一片墓碑的海洋，也许这就预示着后来的悲伤。

霍沃斯没有下水道，水质受到了严重污染，也许这也是为什么一半在那里出生的孩子几乎都活不过6岁，而镇上人的平均寿命只有25岁。勃朗特一家搬过去不久，她们的母亲就病逝了。孩子们留给古怪的父亲照看。勃朗特先生非常爱他的孩子们，他教他们文学、历史和地理；每个周末，他都会跟他们讨论政治和文学。他也让孩子们远离镇上的其他人。

幸运的是，孩子们有书看，有丰富的想象力，还有最重要的，她们有笔。夏洛蒂写道："我们最享受的事情……就是尝试文学创作。"她们写诗，讲故事，甚至办了一份月刊来打发时间。孤零零的老房子、墓地和神秘的沼泽都以不同的方式出现在他们的作品里。

可是，勃朗特先生开始担忧姐妹们的未来。他知道她们唯一可选择的是当老师。为此，她们需要接受更多的教育。于是，他送玛利亚、夏洛蒂、伊丽莎白和爱米丽去上寄宿学校，但他不知道噩梦即将来临。姐妹们被糟糕的食物、寒冷的气候、残忍的老师和无聊的课程折磨着。更糟糕的是，1825年，结核病席卷了这所不卫生的学校，玛利亚（11岁）和伊丽莎白（10岁）在几个月内相继去世。夏洛蒂和爱米丽的健康严重受损，只好回到家中。

女孩们再度围着厨房的桌子学习。1826年，波兰维尔收到了他的玩具小人，孩子们开始围绕生活创作故事。在后来的5年中，女孩们（分别为10岁、8岁和6岁）开始写故事。本子只有两英寸高，和玩具小人一样大，上面的蝇头小字只有她们能读懂。仅在一年内，她们就写了18本这样的小人书。

夏洛蒂和书中的人物一样意志非常坚强。12岁时她就发誓永不结婚，这样她就可以竭尽全力写作。14岁时，她就写了22卷手稿。在一所新学校里，她成为明星学生。16岁时夏洛蒂回到家中教年幼的弟妹们学习，并继续写作。

夏洛蒂在她的小说《简·爱》中揭露了寄宿学校的丑闻，引起了巨大的争议。

当她把作品拿给别人看时，他们的评价并不乐观。她给著名诗人罗伯特·骚塞写信寻求建议。然而，他回复道："文学不是也不应该是女人的事业。"但夏洛蒂没有灰心，她不允许这种性别歧视影响她，她继续写了60首诗。后来，她又拒绝了两次求婚。她的妹妹们备受鼓舞，开始更加认真地写作。

出版并不是一件容易的事。姑娘们一边在学校当老师，或做令人厌恶的家庭教师以谋生，一边努力让作品出版。1845年，夏洛蒂读了妹妹们的诗歌，惊叹不已。她说服她们共同出版一本诗集。勃朗特三姐妹凑够钱让这本书出版，但为了避免社会对女作家的偏见，她们不得不化名为科勒、埃利斯和阿克顿·贝尔。尽管这本书受到了好评，但只卖出了两本。

勃朗特姐妹的故事被改编进了多部电影中。去查一查吧！

她们没有被困难吓倒，而是将精力投入创作中。她们相互鼓励，努力工作，大声朗读并分享各自写的故事。在这样的相互协作中，爱米丽写出了《呼啸山庄》，安妮交出了《艾格尼丝·格雷》，夏洛蒂写出了《教师》。这三部小说以男作者的名义寄给了不同的出版社。经过一年的等待，《呼啸山庄》和《艾格尼丝·格雷》都被出版社接受了，只有《教师》被退回。

夏洛蒂仍然没有灰心，她再次投入创作。根据自己的亲身经历，夏洛蒂写出了《简·爱》，讲述了充满反抗精神的家庭女教师不妥协于命运的故事。《简·爱》的手稿寄到了史密斯出版社的办公室，几个编辑轮流传阅，都十分喜欢。乔治·史密斯把它带回家，废寝忘食地读着这本书，一口气读完了这部500页的小说。夏洛蒂终于如愿以偿，像其他姐妹一样出版作品了。

《简·爱》耳目一新的视角和引人入胜的故事受到读者的高度称赞，大获成功。然而，同时它也受到很多人的批评。因为在那个时代，人们并不习惯如此强有力而富有激情的女性角色，而夏洛蒂批判宗教的虚伪，提倡不同阶层和性别的人应该获得平等权利，可这样的想法与世俗观念格格不入。

《呼啸山庄》中热烈的爱情也同样备受争议。在《呼啸山庄》出版之初，它并没有取得像《简·爱》那样的成功，但最终却成为了世界文学史最受欢迎的小说之一。一个评论家评价它为“英语文学中最富有激情的原创小说”。

《艾格尼丝·格雷》也反应热烈，但安妮的第二本书《怀佛庄的房客》引起了巨大的争论。这是一个女性主义故事，抨击了男女在婚姻中遵守着不同规则。评论家们惊慌了，他们告诫年轻的女士不要读“贝尔兄弟”写的任何一本书。

对这几部划时代作品的批评与赞扬都与日俱增，人们对作者们的身份也越发好奇。他们怀疑作者不是男人，甚至怀疑这些小说都出自一人之手。为了平息这些谣言，夏洛蒂和安妮1848年去了伦敦，亲自会见了她们的出版人。当乔治·史密斯知道如此强有力的小说竟然出自这样娇小、安静而羞涩的女性之手，他惊讶万分。消息一经传出，勃朗特三姐妹获得了更多的关注。

她们终于成功了！但勃朗特一家的现实生活却朝着坏的方向发展。首先是她们那个不争气的兄弟开始酗酒、滥用药品。就像几个姐姐一样，他染上了结核病，并与1848年9月病逝。12月时，爱米丽也染上了这种病。不久，年仅30岁的她香消玉殒。在夏洛蒂认为她已经无法承受更多悲伤时，她的小妹安妮也患上了这种致命的疾病。第二年春天，28岁的安妮也永远地离开了夏洛蒂。还不到一年的时间，夏洛蒂相继失去了仅存的三个弟妹，与父亲相伴。在一封给朋友的信中，她写道：“生活为何如此苦涩，生命又为何如此短暂？我不知道。”

一些人认为勃朗特家的饮用水从隔壁墓地的下方流过，因而受到了污染。这是他们患病和早逝的原因。

夏洛蒂承担起了照顾父亲的责任。唯一能给予她快乐的只有写作。她又出版了两本大受欢迎的小说《雪莱》和《维莱蒂》。可她依旧感到生活似乎缺少了什么。1854年，夏洛蒂曾经拒绝过的男人亚瑟·尼克尔斯再次向她求婚。夏洛蒂并没有真正爱上他，但她知道亚瑟心地善良，而且十分幽默——这对她经历的悲剧是一种安慰。

她答应了亚瑟的求婚，并于同年6月和他结婚。几个月内，她就深深地爱上了她的丈夫，并感受到前所未有的幸福。很快，39岁的她怀孕了。可幸福没有持续多久，几个月后，身体虚弱的夏洛蒂和她未曾出生的孩子死于风寒。

三个只受到很少正规教育的姐妹，蜗居在沼泽边一所古怪的老房子里，出版了最动人心弦的三部小说。尽管150年前，她们的作品被打上了狂野与女性主义的烙印，被认为与时代格格不入，然而在当代，这些具有划时代意义的作品受到大家的喜爱。勃朗特三姐妹与莎士比亚、乔叟和狄更斯齐名，跻身历史上最有才华的作家之列。

你将如何撼动世界？

我要用“儿童的语言”改写课本来震惊世界。我的目标是当孩子拿起课本时，他们不会觉得枯燥乏味，而是把它当做一次冒险。如果知识都不能够震惊世界，我不知道还有什么可以。

——霍莉·麦卡夫，14岁

Florence Nightingale

弗洛伦斯·南丁格尔

——提灯女神

1820～1910 ◎ 护士 ◎ 英国

看到她经过，我们就感到无比欣慰……我们几百个伤员躺在那儿，当她路过时，我们挣扎着亲吻她那浮动在墙壁上的修长身影，然后再满足地躺回枕头上。

——一位伤员称赞这位“提灯女神”

弗洛伦斯走在大不列颠医院黑暗的大厅里。那些看上去从来没有被擦洗过的地板和墙壁让人作呕。空气里弥漫着一丝奇怪的臭味，那是什么？弗洛伦斯转过墙角，看到鲜血和排泄物正流入大厅中间一个开放的管道中。她捏住鼻子、捂起嘴巴，继续向前走。

在每个房间门口，她都听见了可怕的呻吟声和号叫。她把头伸进房间，看到一个脏兮兮的男人躺在床上，那张床看上去几个星期都没有换过被单。

一群被恶臭吸引来的苍蝇在折磨着这个可怜的人。弗洛伦斯吓坏了。她大声呼喊：“护士，护士！”可当这个所谓的护士终于跌跌撞撞走进房间时，弗洛伦斯知道这个醉醺醺的女人压根儿就不是护士！弗洛伦斯不敢相信自己的眼睛，难怪会有这么多人死在医院里。她知道每个地方都需要改进，但没有人在意这些。归根结底，这些都是穷苦可怜的人。

但弗洛伦斯在意！她将毕生致力于救死扶伤、改革医院和护理专业。她从根本上变革了医院的运营机制和护理病患的方式。她被称作心地善良的“提灯女神”，成为了她那个时代的传奇，并被尊为现代护理的奠基人。

弗洛伦斯和她的姐姐在英国的家中受教育，父亲是她们的老师。弗洛伦斯长相甜美，也是一个十分聪明的女孩。她的父母期望她嫁一个好人家。然而，弗洛伦斯却另有打算。尽管她还年轻，她已经感到英国上流社会女人们的生活很无趣。她想做一些有意义的事情。1837 年，这个反叛的 16 岁姑娘听到了上帝的声音，呼唤她去做善事。那时，她并不完全明白她应该做什么“善事”，于是她开始拜访当地村庄里的病人，给他们带去食物，帮他们换床上用品。

她的父母强烈反对她。他们说这样不像淑女。当弗洛伦斯声称希望去医院学习更多护理知识，他们害怕了！医院是那些付不起家庭护理费用的穷人才会去的地方，根本不是像她这样美丽富有的待嫁新娘应该待的地方。弗洛伦斯违抗了父母的旨意，听从了内心的召唤。

还是小女孩的时候，弗洛伦斯十分喜欢小动物，她有一只叫雅典娜的宠物猫头鹰。

事实上，英国的医院比弗洛伦斯想象中的更糟糕。护士们没有受过教育，工资低微，还酗酒。所以，她们忽视或虐待病人也毫不奇怪。疾病在肮脏拥挤的屋子里迅速蔓延。其实那个时候，去医院看病的人不仅没有好转，还会加速死亡。弗洛伦斯开始研究这些问题，给全世界的专家写信，也试着制定改进策略。

在繁忙的日子里，弗洛伦斯被英国最有绅士风度的单身汉理查德·米尔纳斯追求。她非常喜欢理查德，甚至想过嫁给他。但她知道，婚姻会摧毁她追求护理事业的机会。弗洛伦斯最终拒绝了理查德，并发誓一辈子不结婚，这令理查德十分沮丧。

为了让她高兴，也为了让她远离护理，弗洛伦斯的父母送她去环游欧洲。这次旅行不仅没有改变她追求护理事业的决心，实际上还增强了她的信念。在意大利、埃及和希腊，弗洛伦斯学习了如何照料病患，而在德国，她参观了创新型的医院和护理学校。她发现当患者在一个卫生的环境中休养，并获得充分的营养，他们可以康复得更快。

当弗洛伦斯回到英国，她的行动再次震惊了父母：她收拾好行李，搬了出去。她返回了德国的护理学校，在那里接受了 4 个月培训，然后又去巴黎学习，并最终在巴黎完成了学业。而那时，关于细菌和疾病是如何传播的已经有了令人兴奋的发现。1853 年，弗洛伦斯被任命为伦敦一所女子医院的院长，将所学理论付诸实践。她的改革非常成功，名声与日俱增。梦想终于实现了！

弗洛伦斯是一位发明家。她发明了将热水输入病房的系统，在厨房设置绞盘以运送膳食给病人，还有让病人拉铃呼叫护士。这些方法仍然运用于今天的医院。

1854 年，英国卷入克里米亚战争[①]（发生在今天的土耳其），损失惨重。报纸报道了战地恶劣的医疗条件，在英国引起了轩然大波。政府派弗洛伦斯去战场，改善医疗条件。于是，弗洛伦斯带领 38 名护士立刻奔赴前线。

战场的条件比媒体报道的更糟糕。在土耳其的一所战地医院里，成千上万名伤员躺在铺着草垛的走廊上，身上覆盖着他们自己的血液和粪便。跳蚤和老鼠到处爬。伤员们没有床、肥皂、毛毯和干净的衣服，甚至没有足够的水。晚上，这些奄奄一息的人被留在可怕的黑暗中。

让弗洛伦斯惊讶的是，军队的指挥官们见到护士一点也不高兴，他们厌恶女人教他们怎么做。于是，弗洛伦斯在没有任何帮助下开始工作。没有资金购买供给物品，弗洛伦斯就自己出钱支付这些费用。她们打扫医院，为伤员清理伤口。医院建在污水池上，她们就请来卫生队为医院排污。为了给伤员补充营养，她们搭起了厨房，为伤员准备卫生的饭菜。伤员们寂寞了、想家了，护士们就给他们读书、写信。

每天晚上弗洛伦斯拎着油灯巡视，安慰担惊受怕的伤员，给予他们一些指导。当伤员们看见走廊里还留着微弱的灯光，他们知道弗洛伦斯还在那里，一切都会好起来。充满感恩的士兵们开始称她为“提灯女神”。

奇迹发生了，短短 5 个月内，医院的死亡率从 42% 降到了 2%。弗洛伦斯

① 克里米亚战争是 1853 年 10 月 20 日因争夺巴尔干半岛的控制权而在欧洲爆发的一场战争，土耳其、英国、法国、撒丁王国等先后向俄国宣战，战争一直持续到 1856 年，以俄国的失败而告终。——译者注

对这所医院的革新完成了，她将注意力转向改进整个医疗体系。她计划回到英国后重新组织所有军队医院，保存军队医疗记录，开设一家军医学校培养医生和护士，专门教授他们战场上的医疗技术。

美国内战期间，美国军队曾向弗洛伦斯咨询如何护理战场上的伤病员。

1856年战争结束，弗洛伦斯回到家乡，被当做英雄对待。公众甚至愿意为她募捐，以帮助她改革英国的医院。她被邀请会见维多利亚女王，讨论未来的改革方案。女王召集了一个皇家委员会来评价弗洛伦斯的建议，并做最后的决定。不久后，英国第一所军医学校成立了，营房和战地医院得到了极大的改善，英国军队也因而拥有了欧洲最好的医疗条件。

可是，战争对人身心的伤害似乎摧毁了弗洛伦斯的健康。回英国4个月后，她把自己藏了起来，没有再公开露面或发表演说。事实上，在弗洛伦斯生命的后五十年间，她大部分时间都卧床不起。但这并没有影响她的工作。

她继续为提高医疗标准奔走疾呼，出版了超过200本图书和报告。1860年，她的《护理札记》一经出版就卖出了上百万册，被翻译成了几十种语言，至今还在流传。同一年，弗洛伦斯用公众筹集的资金在伦敦成立了世界上第一所护士学校——南丁格尔护士学校。护士学校的毕业生在英国和海外的医院里工作，在世界各地建立“南丁格尔模式”。

一些人认为，克里米亚战争后南丁格尔患上了创伤后压力症，这也是让她后半生卧床不起的原因之一。创伤后压力症现在是一种公认的心理疾病，通常会影响在战争中受创的士兵们。

弗洛伦斯活了90岁，在她的后半生，世界各地的政府向她寻求护理、医院和卫生等方面的建议。她的具有前瞻性的改革改变了现代医疗的本质，也挽救了无数的生命。即便在今天，“提灯女神”仍然在鼓舞着全世界的护士、医生。

行动大明星

16岁的乔紫薇因为其在医疗上的创新发明受到了奥巴马总统的肯定。乔紫薇帮助制定了电动力治疗方法，利用抗击皮肤癌细胞的光和纳米粒子，来对付其他癌症。这项工作为她赢得了英特尔国际科技展览会的第一名，她还因此获邀参观白宫。乔紫薇在减少交通对环境影响上的工作也赢得了其他科学技术奖。同时，她还入围全国拼写大赛决赛。

Harriet Tubman

哈丽特·塔布曼

1820～1913 ◎ 废奴主义者 ◎ 美国

有两样东西我有权利获得，自由或死亡。如果我不能拥有一样，我就要拥有另一样。没有人可以活捉我，只要我还存有一口气，我都会为自由而战。

——哈丽特·塔布曼

哈丽特站在烈日下和其他的奴隶一起剥玉米。忽然，她瞥见了一个高个子黑人男子溜进了树丛。她的心怦怦直跳！他逃跑了吗？哈丽特总是梦想着逃跑。担忧在她的心里蔓延——他可以成功吗？忽然尘土飞扬，监工迅速跑了过来，钻进树丛，掏出长鞭，边走边抽。他在追那个奴隶！哈丽特觉得她必须做些什么，但做什么呢？一个15岁的黑人女孩可以做什么去阻止那个白人男子？

不容多想，哈丽特跑了出去，去追那两个人。她在种植园店赶上了他们，监工已经抓住了奴隶。哈丽特看到了他眼中的恐惧。监工发现了她，冲她大喊道："你，抓着这个男人，我要把他绑起来抽。"哈丽特用微弱而愤怒的声音回复道："不，我不会这么做。"监工被她的话惊呆了，不由自主松开了紧抓奴隶的手。那个奴隶狂奔而去，一眨眼的工夫，哈丽特急速跑过去，挡在门口，阻止白人男子出去追奴隶。监工勃然大怒，他拿起一个铅块，掷向逃跑的奴隶，没有投中，铅块却砸在了哈丽特的两眼之间。血如泉涌，哈丽特的世界顿时一片漆黑。

这是这个15岁女孩第一次但不是最后一次因帮助奴隶获得自由而受到惩

罚。几年内，哈丽特有了一个新名字——“摩西”[1]，那个带领人民摆脱奴役、走出埃及的犹太英雄。在美国历史上，哈丽特·“摩西”·塔布曼解放的黑奴比任何一个人都多。

哈丽特的勇敢丝毫不让人奇怪——她的父母是阿善堤人。这些勇猛的武士住在西非，在19世纪成功击退了英国的侵略。

去吧，摩西
沿着埃及的土地走下去，
去告诉法老，
让我的人民离开。

——哈丽特唱着歌带领奴隶冲向自由

1820年的某一天（没有人愿意去记奴隶的生日），哈丽特出生在马里兰种植园的一个奴隶家庭，是哈丽特·格林和本杰明·罗斯11个孩子中的一个。她的父母在种植园当奴隶。因为那时奴隶们结婚是非法的，所以他们没有结婚。她的母亲在他们称为“大屋子”的地方工作，她的父亲为他的白人主人布罗达斯先生砍伐树木。

布罗达斯靠着租赁奴隶发了财。他让奴隶们繁衍后代，然后像动物一样把他们卖出去。哈丽特小的时候就目睹了她的许多兄弟姐妹和朋友们被卖到河的下游，然后永远消失。最让她害怕的是，有一天她也会被卖到南方的另一个种植园，远离亲人朋友。哈丽特经常梦想逃到北方去，在那里她可以获得自由。

奴隶们的童年很短暂。哈丽特5岁时就被主人租给当地的一户人家干活。她睡在厨房的地板上，和狗分吃残羹剩饭。哈丽特讨厌在屋里工作，讨厌靠近那些白人奴隶主，她说服主人让她在外面工作。当布罗达斯看到哈丽特不同寻

[1] 摩西是公元前13世纪的犹太人先知，带领在埃及过着奴隶生活的以色列人，到达神所预备的流着奶和蜜之地——迦南（巴勒斯坦的古地名，在今天约旦河与死海的西岸一带），摩西写下《十诫》让他的子民遵守。——译者注

常的力气，他立刻安排她和男人们一起工作——耕地、砍柴、牵牛。哈丽特觉得干苦工是一种进步，但她也从来没有忘记争取自由的梦想。

可是，获得自由绝非轻而易举。当奴隶主报告有一个奴隶逃跑了，一群白人追捕者就会带着恶犬在四周巡查。如果逃跑的奴隶被抓到了，会受到鞭刑，身上被烙上字母“R”，寓意着“逃跑”，然后再被送到可怕的南方，接受更加残忍的惩罚。哈丽特的背上早已经伤痕累累，但她一点也不害怕。

哈丽特7岁时第一次试图逃跑。她从主人家偷拿糖块的时候被逮住。在他们要打她之前，她逃到了猪圈里，在里面躲了5天。饥饿难耐，她和小猪抢食槽里的饲料。

哈丽特15岁时第一次帮助一个逃跑的奴隶，监工的一记重击让她差点丧命。她昏迷了几个星期，6个月后才能重新站起来。前额一道凹进去的丑陋伤疤永远留在了她身上，还让她留下了“睡眠综合征”的后遗症。无论她在哪里都有可能随时陷入沉睡，除非她自己恢复意识，任凭别人怎么叫都不醒。尽管反抗行为让她留下了终生的伤病，但她从不后悔这么做。

她的主人非常不高兴，决定卖掉这个到处惹麻烦的小奴隶，甚至在她昏迷期间，他就带着买主来看她。哈丽特苏醒后，她祈祷道：“主啊，请改变那个人的主意!”这个祷告不起作用，她就改变了策略：“主啊，如果你改变不了他的心意，就杀了他吧……”不久后，布罗达斯先生得了重病，去世了。

但他的继承人仍然坚持要卖哈丽特。所以，尽管那时哈丽特已经结婚，而且丈夫强烈反对她的计划，她还是准备逃跑。她曾经听说了“地下铁路”的故事——“地下铁路”是一个帮助奴隶逃跑的组织，他们把逃跑的奴隶藏在自己家里，帮助他们北上获得自由。晚上，奴隶们藏在马车里、船上和火车上。白天，他们睡在安全的地方——支持黑人获得自由的人们同意他们睡在自家屋里、谷仓里，或者教堂。哈丽特会用指南针，她计划利用“地下铁路”网络逃到自由之州。

有一次，哈丽特和其他逃跑的人藏在一堆粪便里，靠着吸管呼吸。

1849年，一个月黑风高的晚上，哈丽特终于可以一个人出去了。在逃跑的第一站，有人给了她一些被称作“票”的纸条，纸条上列出了一路上可以帮助她的家庭的名字。在这些人的家门口，她拿出纸条证明自己，就被允许进入。一户人家给了她一把扫帚，让她去打扫门廊。一开始哈丽特很沮丧，后来她才意识到这是他们保护她的方法——没有人会怀疑一个在打扫房间的黑人女人。晚上，哈丽特继续赶路，她沿途跋涉了90英里，穿越沼泽和森林，终于到达了被解放的宾夕法尼亚州。在获得自由的一刹那，她说：“我盯着我的手看，看获得自由的我是不是和以前一样。金色的阳光洒过树林和田野，一切都光芒万丈，我感觉好像在天堂一样。”

但是，这样的自由并没有让哈丽特高兴多久，她开始担心被枷锁桎梏的家人、朋友和同胞。于是，她立刻开始了营救行动计划。1850年至1860年，她冒着生命危险回到南方19次，引导300多个逃跑的奴隶到达北方，获得自由。

哈丽特总是要比白人领先一步。星期六的深夜，她乔装成一个老太婆潜入种植园。她清楚奴隶主们不会在星期天出来追赶奴隶，就在这一天领着大伙儿逃了出去。去北方的路漫长而艰苦，危险重重，哈丽特一路上都得保持机警冷静。同伴们因不堪压力而垂头丧气、担惊受怕，甚至想要放弃逃回去(这会让整个“地下铁路”网络陷入危机)，哈丽特也要顶住压力鼓舞大家的士气。她把手枪对着这些想逃跑的人，对他们说：“向前进或者现在去死。”这招很管用。十年中，哈丽特的队伍中没有一个半途而废的人。

哈丽特甚至偷偷回到了布罗达斯种植园。这十分危险，因为她被认出并被逮到的几率很大。1857年，她解救了整个家族，包括她年迈的父母。那时，哈丽特的丈夫再婚了，所以她毅然决然地离开了他。

一开始，哈丽特领着逃跑的奴隶去了美国北方各州，1850年，国会通过《逃亡奴隶法》，要求遣返逃走的奴隶，并惩罚协助他们逃跑的人。这样一来，再逃去北方就会更加危险。哈丽特不想放弃，她带着她的同胞径直逃到加拿大。原本只有90英里的逃亡路线延伸到了500英里，但至少这些奴隶们知道他们将得到真正的解放。

这个偷奴隶的神秘小偷激怒了白人种植园主，也让他们害怕。他们猜测小偷“摩西”是一个男人。一个黑人女人怎么可能会如此狡黠勇敢，能在他们的眼皮底下把奴隶偷走？通常，抓住一个奴隶的奖励从100美元到1000美元不等，奴隶主们却悬赏4万美元要“摩西”的人头。虽然南方的赏金猎人蜂拥而至，他们从来没有抓到过哈丽特，只能眼睁睁地看着奴隶被一个一个偷走。

英国女王对哈丽特的印象十分深刻，她给哈丽特颁发了奖章，并邀请她前往英国，哈丽特没有去，但她把女王的信读了一遍又一遍，以至于信都揉得皱巴巴的。

1860年，美国内战爆发。许多南方的奴隶逃跑去投靠联邦军。不幸的是，联邦军没有做好充足的准备去接收这些奴隶。哈丽特听说了这一切，就从她在加拿大的家折回南卡罗来纳州，在前线当护士，照料黑人自由军和白人士兵。

因为哈丽特非常熟悉南方各州，又有着富有传奇的经历和勇气，她被招募为间谍，率领一队黑人士兵进入敌方领地，搜集南方同盟军的行动情报、弹药库和奴隶的位置，报告给联邦军。联邦军将军鲁夫斯·撒克逊高度赞扬了哈丽特：“她在敌方内部阵线突袭成功，展现了非凡的勇气、热忱和忠诚。”在一场历史性的突袭中，哈丽特和150名黑人士兵袭击了同盟军在南卡罗来纳的一个前哨，解放了750名奴隶，酣畅淋漓地报了仇。

战争结束，哈丽特定居纽约奥本——“地下铁路”的一站，以照顾年迈的父母。人生处处有惊喜！1870年，50岁的哈丽特再次坠入爱河，这次的对象是一个20多岁的小伙子！她嫁给了内战老兵尼尔森·戴维斯，成为了一个受人欢迎的励志演讲家，为黑人和女性的权利奔走疾呼。

尽管声名赫赫，成就斐然，在战争结束后，哈丽特却是身无分文。她和朋友们写信给美国政府，要求获得抚恤金，就像在内战中效力的男性士兵获得的一样。政府拒绝了她的要求。她的丈夫44岁就去世了(是的，哈丽特比她年轻的丈夫活得时间还要长)，在他死后，哈丽特才以遗孀的身份获得每个月8美元的抚恤金。但这并不能说明她的贡献受到了肯定。

哈丽特年老时的梦想是为生病和衰老的同胞们修建养老院，以让他们获得良好的照料。终于在1908年，她用出版自传所得的稿费修建了退休之家。88岁的她成为了第一批入住的住户之一。五年后，在家人和朋友的陪伴下，在这所她修建的退休之家里，哈丽特安心地闭上了双眼，结束了坎坷的一生。93岁的她死于肺炎。

在马里兰的剑桥镇，离哈丽特儿时的家不远处，塔布曼街提醒着我们关于这个不屈于命运的女孩和她的故事。这个人们称为“摩西”的女人奋起反抗奴隶制，一次又一次冒着生命危险拯救她的同胞，引领他们追求自由。

你将如何撼动世界?

我要结束种族主义、暴力、饥荒和全球变暖来震惊世界。只要大家齐心协力，我们就可以影响他人、改变世界。生活很美好，让我们与世界和平相处！

——奥德里斯·冈萨雷·博拉多，12岁

Margaret Knight

玛格丽特·赖特

1838～1914 ❂ 发明家 ❂ 美国

有时我会叹气，因为我和其他女孩不一样；但最后理智让我从我的工具中寻找安慰。

——玛格丽特·赖特

机器运作的声音如催眠曲一般在玛格丽特的耳朵里嗡嗡作响。忽然她旁边的织布机开始发出了奇怪的声音，她还没能做出反应，织布机就失控了。沉重的主轴飞走了，钢尖扎入了坐在她旁边的女孩的大腿。玛格丽特目瞪口呆地看着血溅得到处都是。纺织厂陷入了混乱，直到把那个尖叫的女孩送到医院，大家才镇定下来，回去工作。但那些画面在玛格丽特的脑海中挥之不去：必须有方法让织布机出故障时自动停下来，这样主轴就不会飞出去伤到人。但是，怎么做呢？

12 岁的玛格丽特能解出这个谜题真是一个奇迹。在那时，女人们更可能“在死后化为天使”而不可能成为一个发明家。维多利亚时期的女孩从小被教育以后要做好妻子、好母亲，仅此而已。她们学习烘培、缝纫和打扫房间，而不是做那些所谓的“男人的工作”。可是，从记事开始，玛格丽特就对工具和机器着迷，特别喜欢琢磨如何发明。她这样形容她这些不受欢迎的兴趣：

从小我就不喜欢女孩子通常喜欢的东西，洋娃娃对我毫无吸引力。我不知道看着她们面无表情的脸有什么意义。我想要的东西是一把折叠刀、一个手钻和几块木头。

在马萨诸塞州的斯普林菲尔德，玛格丽特的小伙伴们被她的行为惊呆了，她们叫她假小子，甚至更糟糕的称呼。但这一切并不能阻止玛格丽特的好奇心和创造力。男孩们喜欢和她在一起玩，求着她给他们做东西。她做的风筝和雪橇在邻里间很有名，这比做家务更让她自豪。

玛格丽特家很穷，她没有机会上学，只能在一家纺织厂里做童工。但正是这份工作给了 12 岁的玛格丽特发明的灵感。在那次事故后，她茶饭不思，日思夜想，终于想出了让出故障的纺织机自动停下来的方法。她发明的可以自动停机的纺织机立刻投入使用，然后又被运用到全美国的纺织厂。一个 12 岁女孩的发明拯救了无数生命。

玛格丽特没有从这项发明中获得一分钱的报酬。她的青少年时代在工作中度过。繁重的工作让玛格丽特没有更多时间去发明，但她一直在研究工具和机械，观察它们如何运作，思考怎么改进它们。正是在这期间，一些发明在玛格丽特的脑海中成形了。

美国每年回收的购物纸袋超过 10 亿个。这种纸袋的原料是一种叫卡夫的纸，在德语中卡夫的意思是“力量”。这种纸可以反复使用。

她在哥伦比亚纸包公司工作期间，玛格丽特最有名的发明诞生了。那时，纸包必须依靠手工黏合在一起。通常还没有等人们把东西拎回家，袋子就散了。玛格丽特发明了一种自动切割、折叠、黏合纸袋的机器。机器生产的纸袋更加结实，底部也更加平坦，非常像我们今天所使用的购物袋。

在纸包公司，玛格丽特和男工做同样的工作，薪水只有男工的 1/3。工厂主们认为女人不懂得使用和保养机器。

她用一个木制机器模型生产了成千上万个测试纸袋，然后决定为她的发明申请专利。专利是一种可以证明某人发明的法律文件。专利让玛格丽特有权利出售或授权别人使用她的想法并收取费用。发明者可以依靠专利的保护来赚钱。尽管玛格丽特一生都在发明，直到 30 岁才去申请第一个专利。她知道这个木制模型并不能打动专利申请局，于是她把模型送到工厂，重新制造了一个铁制的机器。机器完工后，她就去申请专利，但结果让她大吃一惊。

查尔斯·安南竟然捷足先登，抢在她前面申请的这个纸袋制造机的专利，他的机器竟然和玛格丽特的一模一样！原来是机器被送到工厂制造时，这个叫查尔斯的人偷学了她的创意，生产出了一个一模一样的模型。虽然查尔斯·安南承认他剽窃了玛格丽特的发明，他还厚颜无耻地表示是自己先有这个创意，而且女人不可能理解如此复杂的机械原理。玛格丽特彻底被激怒了。

虽然她知道反抗男性的偏见将会是一场旷日持久的拉锯战，但她已经在她的发明中投入了太多的心血和精力，她不能放弃。她东拼西凑拿出了所有积蓄，以一天 100 美元的价格请了一位律师，帮她打这场官司。他们传唤了证人——玛格丽特在纸包工厂的老板、帮她造铁制模型的机械师还有她的室友。他们都证明了玛格丽特早在安南之前好几年就开始设计这个机器。

玛格丽特也为自己的机械才能辩护："从我有记忆开始，我就以一种神秘的方式与机械连接在一起。"她在法庭上拿出了自己的草稿、笔记和照片，甚至让法官读她的日记，日记上记满了她对这台机器的憧憬。在铁证下，法官和陪审团相信了：玛格丽特不是普通的女人。她赢得了官司，夺回了专利。

胜利的滋味是甜蜜的，不仅因为玛格丽特证明了女人也有能力发明一台复杂精细的机器，还因为这为她带来了惊人的财富。她的机器投入生产，她自己还创立了东方纸包公司，经营生产纸袋。这项发明让玛格丽特终生获益。这台可以代替 30 个劳动力的机器为她赢得了 5.5 万美元和一枚维多利亚女王的奖章。

即便玛格丽特几乎没有受过正规学校教育，她通过自学获得了专利法、合同谈判和注册方面的知识。这些对她以后的工作很有帮助，因为在后面的 45 年间，她又创造出 90 多项发明，其中 25 项获得了专利，包括新型鞋子剪裁机、窗框、旋转式发动机和汽车电机。她几乎每天都泡在实验室里，直到她 76 岁去世。在她生命的最后一年，《纽约时报》的一篇文章如此形容她经久不衰的创造力和耐力："玛格丽特·赖特小姐……每天花 20 个小时钻研她第 89 项发明。"

玛格丽特是最高产的女发明家之一。她的名声让她成为了其他女发明家学习的榜样。她不仅是一个聪明的发明家，也是一个精明的商人。当需要维护自己权利的时候，她又成了一个战士。玛格丽特从来不会让别人的偏见阻碍自己追求梦想的脚步——她总是在思考如何改进工具，她更从来不会允许别人剽窃她的成果。2006 年，玛格丽特被列入国家发明家名人堂。

行动大明星

李·伯灵顿是一个小发明家。五年级时，她发明了一个可以过滤海水中的盐、使之可以饮用的机器。高三时，她发明了一种新的方法，利用发光细菌检测水中的污染物。这道工序成本低廉，会让众多发展中国家受益。他希望减少全球每年因饮用水受污染而死亡的人数。

Anna Elizabeth Dickinson

安娜·伊丽莎白·迪金森

1842～1932 ❂ 演讲家，废奴主义者，女性参政倡导者 ❂ 美国

（安娜）穿着她想穿的衣服，去她想去的地方。她在各处发表演说，讲那些人们认为不能在未婚女性面前提及的话题。

——吉拉德·切斯特，传记作者

这个年轻的演讲家站在800多人面前。这是安娜的第一场重要演讲，毫无疑问，她非常紧张。观众席中的一些人甚至满腹狐疑地看着她，好像在说："这个年纪轻轻的小女孩怎么可能告诉我们一些我们不知道的事情？"安娜让自己镇定下来，泰然自若地扫视着观众席，开始了她的演讲——《论女性的错与对》。18岁的她对这个主题了如指掌，不需要看稿子就脱口而出。说出来的每个单词都让她更加自信。观众脸上的怀疑渐渐消失。

安娜富有激情地阐述着自己的观点，主张应该允许女性参加选举，她们应该获得想要的工作。那时美国的女性不能从事一些专业领域的工作，比如医生或律师。安娜的观点对大多数人来说无疑是激进的，但她思路清晰、风格独特，给在场的观众留下了深刻的印象。在两个小时的演讲后，安娜站在讲台前，接受大家热烈的掌声。她的职业生涯才刚刚开始。日后，她成为了那个年代最有影响力的女性之一。

安娜童年时代的家是"地下铁路"的一个站点。"地下铁路"是一个帮助奴隶逃跑、获得自由身的秘密组织。

安娜喜欢登山。在她周游全国期间，她攀登了科罗拉多州最高的几座山峰。而那时，人们普遍认为女人的身体太虚弱了。

安娜·伊丽莎白·迪金森于1842年10月28日出生于宾夕法尼亚州首府费城。那是一个社会矛盾突出的年代。奴隶制度是社会热议的话题：奴隶制应该在全国还是只在某些州合法？或者应该从法律上根本取缔？安娜出生在一个主张取缔奴隶制的家庭，她是五个孩子中最小的。她的家庭教育让她相信奴隶制在道德上就是错误的。于是，她小时候就开始参加反奴隶制运动。在安娜只有13岁时，她就为一家反奴隶制的报纸写了一篇文章。

安娜15岁才上学。她一边上学，一边在出版社、律师事务所和学校里工作，以贴补家用。17岁时，安娜参加了一个关于女性权利的聚会。在聚会上，安娜发表演讲，认为女人应该获得平等机会。她的演讲能力让在场的人印象深刻，不久后她被邀请参加其他关于女性权利和奴隶制的讨论。

18岁时，安娜励志演说家的职业生涯随着她的第一场重要演讲展开。她周游全国，获得了革命领袖们的认可和尊敬，像废奴主义者威廉·劳埃德·加里森、女权主义社会活动家苏珊·B.安东尼以及鲁克里娅·莫特，这些人都给予了她充分的肯定。

1863年，安娜被邀请成为选举发言人。她发表了非常有说服力的演讲，支持共和党候选人——新罕布什尔州州长，并帮助他取得了最终的胜利。她极具感染力的演说被称赞为州长获胜的关键。这次成功让许多政治家向安娜抛出橄榄枝，邀请她成为他们的竞选发言人。她作为一个演说家的名声与日俱增。

安娜被经常拿来和法国女英雄圣女贞德作比较。而安娜最受欢迎的演讲之一就是以圣女贞德为主题的。

1864年，安娜受邀在国会前发表演说，这可能是她最重要的演讲活动。她成了有史以来第一位在众议院前演讲的女性。这次演讲后，她被引荐给林肯总统，并在总统换届选举时加入了他的竞选队伍。

在她投身竞选演说期间，安娜继续抨击奴隶制的罪恶。随着南北双方剑拔弩张，内战一触即发，这个话题也越来越具有争议性。内战期间，美国为废奴而战，安娜也成为了这个国家最著名的女演讲家。战争结束后，她的呼吁最终实现了——奴隶被解放了。

安娜继续周游全国，就一些争议性问题发表了更多演讲。她知道自己不能因为这些问题不受欢迎就回避它们。世界需要她来传达信息。只有提出公开讨论，这些问题才能够被解决。所以，无论反对的声音有多大，安娜还是会勇敢地站出来，为她的信仰发声。她表现出来的独立、勇气和热情震撼了许多人，也为她赢得了更多人的尊敬。

这是安娜一篇演讲的片段：

> 给每一个美国孩子一本拼写本和一间自由的教室，给每一个理智并受尊重的人，无论是黑人还是白人，男人还是女人，一张选票和一个自由的政府，你会发现在这个帝制瓦解、皇权衰落的时代，我们的国家会越来越强大。

安娜一生致力于推动种族和政治平等。1866 年的美国国家联合会议上，安娜和西奥多·蒂尔顿、弗雷德里克·道格拉斯一起参与了美国宪法修正案的修订过程。宪法修正案禁止基于“种族、性别、肤色”的歧视。他们的提案受到了共和党人的肯定，通过了宪法第十五项修正案。不幸的是，“性别”一词没有出现在最终的法案中，男女不平等因而并没有被法律取缔。

安娜的工作为其他女性社会活动家铺平了道路。19 世纪 70 年代，她从公共演讲的事务中退出来，开始写作和表演戏剧。安娜甚至在 90 岁高龄还在剧场里演出。这个坦率敢言的女人是美国最伟大的演讲家之一，她的传奇故事和影响力都为后人所津津乐道。

虽然经历过三次求婚，但她却终身未婚。

你将如何撼动世界？

我最关心的问题是那些全球生活在贫困中的孩子们所面临的窘境。在我的建议下，我的家庭现在正在资助印度的孩子们，以帮助他们获得教育机会、摆脱贫困。我希望成为一名医生，在医疗体系落后的地方工作。我想做一个对我的城市、国家和世界都有用的公民。

——莱莉亚·高耶，17岁

Sarah Bernhardt

莎拉·伯恩哈特

1844～1923 ◎ 演员 ◎ 法国

帅气和漂亮并不是必需的。真正需要的是魅力，是吸引观众的魅力，这样观众就可以全神贯注地听，再独自回味他感受到的魅力。

——莎拉·伯恩哈特

大幕揭开，一束光落在舞台上。莎拉眯着眼睛看着眼前的观众，她只能勉强辨认出来评价她表演的老演员们的面孔。她已经准备好了——为了这个著名的法国戏剧公司的入学考试，她练习了一遍又一遍。考官们喊停："在这个场景中，你需要找一个男演员和你一起完成表演。"莎拉有些害怕，她总是独自一人排练这个场景，甚至一个男演员都不认识。如果有人在旁边，她还怎么能专注于台词和表演呢？于是，她回答："我不会那么做。"

她的倔强让考官们吃惊，但他们仍然同意让莎拉重新选择一个剧本表演。但没有作任何准备的她还能演什么呢？忽然灵光一闪，莎拉决定给他们讲一个故事。她声情并茂地演绎了一个她听过的寓言故事。这个奇怪的选择再一次让考官们感到疑惑。可仅仅在几分钟后，他们改变了想法——莎拉清脆悦耳的声音让考官们沉醉其中，甚至在她表演完之前，他们就决定让她通过。就这样，13 岁的莎拉成为了法兰西喜剧院的一员。而这一切只是她事业的开始，最终她成为了历史上最伟大的女演员之一，并被称为"女神"莎拉。

1844 年 10 月 22 日，莎拉·伯恩哈特出生在巴黎。她原名叫罗西纳·伯纳德，母亲是一个荷兰犹太人，貌美如花，喜欢旅游。莎拉从来没有见过她的父亲。在她母亲环游欧洲时，莎拉被托付给亲朋好友照顾。12 岁时，莎拉进了一所修道院学校，几年后她决定成为一名修女，然后在修道院学校里教书。

莎拉是一个叛逆又富有戏剧性的女孩。在修道院里，她曾三次休学。

然而，她的家人认为14岁的她还太年轻，不能草草做出如此重要的决定。一个朋友建议她去著名的法兰西喜剧院学习戏剧。在她展示了不同寻常但又才华横溢的表演后，她被这所学校录取了。

莎拉主演的《过客》受到了高度称赞。拿破仑三世甚至邀请剧组在他的皇家花园里进行了一次演出。

莎拉在戏剧学院学习了几年后开始在法兰西喜剧院里表演。17岁时她第一次登台演出，但毁誉参半。在剧团里莎拉与一位主演发生了激烈的冲突，而两次让人失望的演出最终让莎拉决定离开剧团。但即便如此，她也没有离开表演，在以后的几年里，她在不同的地方表演，甚至尝试唱歌。

虽然在音乐方面并没有天分，莎拉没有放弃。她和另一家戏剧公司签约，并接受了严格的培训，这让她的表演大获好评。1869年，她迎来了职业生涯的重大突破，她在一出叫《过客》的戏剧中表演了一个角色。《过客》在巴黎上演了一百多次，受到了观众的热烈欢迎。莎拉也因此一炮走红，开始了她长盛不衰的演艺事业，并最终获得了“女神”的称号。

然而，人生并非一帆风顺，几次重大挫折让莎拉追逐梦想与成功的道路暂时中断。先是一场大火几乎毁了莎拉在巴黎的公寓和她所有的财产。之后普法战争①爆发，巴黎受到袭击，在受困期间，莎拉在她所在的剧场开设了一家临时医院，她也作为护士照料伤员。

舞台之外的莎拉非常古怪。她有许多富有异域风情的宠物，包括一头狮子和一只猴子。她还在一个特制的棺材里睡觉。

① 1870～1871年普鲁士同法国之间为争夺欧洲大陆霸权而进行的战争。——译者注

1871 年，战争结束，莎拉重回舞台。她出演了著名作家维克多·雨果自编自导的戏剧《吕布拉》。在这部剧中，莎拉如诗般演绎了台词，感情充沛，将人物复杂的心理活动表现得淋漓尽致。她的表演让观众如痴如醉，莎拉因而获得重回法兰西喜剧团的机会。成功接踵而至，莎拉终于奠定了自己女主角的地位。

莎拉喜欢具有挑战性的角色。在《年轻的鹰》中，莎拉扮演了拿破仑的私生子，这样反传统的表演让人议论纷纷。全巴黎最有名望的人都来看 56 岁的莎拉演绎一位年轻男子。这个突破性的女演员成为了女扮男装表演的第一人——这让许多人震惊。然而，莎拉再一次用她精湛的演技打消了人们的怀疑，让人们相信女人完全可以胜任出演男性角色。后来她又扮演了许多脍炙人口的角色，像埃及艳后克娄巴特拉、圣女贞德、伊丽莎白女王、哈姆雷特、阿维拉的圣德肋撒①等。

在法国声名大噪后，莎拉开始蜚声国际，在欧洲和美洲进行巡回表演。她开始自己制作戏剧，甚至拥有了自己的剧场。她的剧场被命名为莎拉·伯恩哈特剧场。她对戏剧有着无法抗拒的热情，即便 71 岁时她因一条腿受伤而截肢，她也没有放弃演戏。相反，她重新调整了舞台布景，坐着完成了整出戏的表演。她的演艺生涯一直持续到 78 岁。

莎拉一生出演了几百部戏剧，在国际上也声名赫赫。1923 年，她在巴黎去世。国际社会为失去这样一位传奇女演员而惋惜哀悼。莎拉是戏剧界最早的国际巨星之一，无论是她的表演还是她的人生都生动地诠释了“明星”二字。

莎拉一生不乏追求者，感情生活丰富多彩。她曾和一个有抱负的男演员结婚，但几个月后就分手了。

---

① 阿维拉的圣德肋撒（Saint Teresa of Avila）是西班牙奥秘神学家、圣妇。——译者注

你将如何撼动世界？

我想写电影剧本来震惊世界。我希望当我写一些搞笑的故事时，观众们可以笑；如果是一个悲伤的故事，他们可以哭。即便只有一个人看了我的电影后感觉到变得更好，我也会感觉自己做得不错。

——莫琳·盖里特瑞，12 岁

Edmonia Lewis

埃德莫尼亚·刘易斯

1845～1907 ◎ 雕塑家 ◎ 美国和意大利

她开辟了一条非裔美国人几乎未曾触及的道路：成为一个艺术家！

——克里斯滕·派·别克，传记作者

“砰”的一声！锤子重重地砸在雕刻刀上，一块大理石飞了出去，掉在地上。“砰砰砰！”石头一块接着一块落在地上，埃德莫尼亚·刘易斯向后退了一步，看着剩下的石头。她想，时间到了。她拿起一个小一号的锤子和雕刻刀，开始在粗糙的石块表面轻敲，修修补补。“叮叮叮！”埃德莫尼亚拂去石屑，一尊女性面孔的雕像慢慢显现出来。

“我不在意他们怎么说，”埃德莫尼亚一边想一边刻着石头，“我可以做到的。”她瞥了一眼罗伯特·古尔德·萧上校的照片，回忆起几个月前看着他在波士顿的大街上指挥黑人兵团的场景。他们要去参加美国内战，为推翻奴隶制而战。看着这么多的黑人士兵，埃德莫尼亚感到十分骄傲；在队伍里，她认出了21位校友，这让她更加自豪。

但是现在，萧上校牺牲了，而他部队里的大部分士兵也已经阵亡。在那次波士顿阅兵游行后的6个星期，他们在攻打南卡罗来纳州瓦格里堡的战役中英勇就义。埃德莫尼亚下定决心要为萧上校塑像，以纪念他和士兵们的义举。她的白人艺术家朋友们认为她还没有准备好，但埃德莫尼亚却不以为然。

埃德莫尼亚所不知道的是这尊雕像将会让她有机会去意大利和大师级的雕塑家们学习，创作出闻名世界的艺术作品。对她这样一个成长于奴隶制年代、拥有半非裔半印第安血统的 18 岁女孩来说，这几乎是一个闻所未闻的机会。

埃德莫尼亚·刘易斯有一个非比寻常的童年。1845 年，她出生在纽约奥尔巴尼附近，父亲是一个自由黑人，母亲是一个齐佩瓦印第安人，擅长制作印第安鹿皮鞋。埃德莫尼亚的早年生活漂泊，“母亲经常离家和她的族人们一起流浪。她忘不了她民族的习惯，所以我们也按着同样野性的方式长大。我一直到 12 岁都过着这样漂泊的生活，钓鱼、游泳……制作鹿皮鞋。”

埃德莫尼亚的父母在她 9 岁时就过世了，所以她搬到了尼亚加拉大瀑布一带，和她母亲的齐佩瓦家人们一起生活。她们家靠向游客们制作和贩卖印第安纪念品为生。那时，在美加边境的尼加拉瓜河是逃跑黑奴们的聚集点（因为奴隶制在加拿大是非法的，这引得很多黑奴逃往加拿大），埃德莫尼亚从小就目睹了黑奴们向自由奔跑、奴隶主们在后面追击的惊险故事。她和家人们必须小心翼翼，以免被错认为鬼鬼祟祟的奴隶——这可能会让他们被枪击、绑架或成为奴隶。这场生死挣扎为埃德莫尼亚后来的艺术创作提供了灵感。

埃德莫尼亚的齐佩瓦名字寓意着“野火”。

埃德莫尼亚有一个哥哥叫桑莱斯，他在父母过世后就离开了纽约，去了狂野的西部，在那里一场淘金热正拉开序幕。哥哥必须努力工作以供埃德莫尼亚读书。那时候在北方黑人们可以去由反奴隶制白人开设的废奴主义学校。埃德莫尼亚在纽约中央学院学习，14 岁时进入俄亥俄州欧柏林学院。

欧柏林是美国废奴主义运动的中心。这所学校宗教氛围浓厚，学校创始人认为一个人将另一个人当做物品一样拥有是一种罪孽。因而欧柏林的师生们为了废奴而奋斗，它也成为了美国仅有的几个接收黑人和女性学生的学校。在欧柏林，埃德莫尼亚第一次发现了自己的绘画天分，她的艺术激情也开始被点燃。

埃德莫尼亚这样评价她的雕塑作品《夏甲》(*Hagar*),“我对受苦受难的女性们怀有强烈的同情心。”这件作品卖出了6000美元的高价,相当于今天的100万美元。

欧柏林也是让埃德莫尼亚的人生陷入困境的地方。1862年1月,埃德莫尼亚的白人朋友在和两个年轻人玩雪橇后生了重病。他们起诉埃德莫尼亚在之前他们喝的热酒里面投毒,企图害死他们。埃德莫尼亚被逮捕了。

在等待审判的日子里,悲剧又发生了。埃德莫尼亚在她欧柏林的家中被一群人抓住,强行拖到房子后面的空地,被打到不省人事,奄奄一息地躺在雪地里。幸运的是,学校里的学生和老师们发现埃德莫尼亚失踪后,就在这个区域进行了地毯式搜索,终于找到了她。埃德莫尼亚伤势非常严重,治疗期间,她的审判只好推迟。等到审判被宣布之时,埃德莫尼亚的身体极度虚弱,需要两个人把她抬进屋子里。由于缺少证据和作案动机,这起案件被撤销了,但对她造成的伤害已经无法挽回。学校和镇上的白人们觉得埃德莫尼亚很可疑。埃德莫尼亚可能也会觉得他们很可疑吧!

在这起丑闻发生后的几个月里,埃德莫尼亚忍受着同学的嘲笑和其他的犯罪指控。这些指控由于缺乏足够的证据都被一一撤销了。在埃德莫尼亚在欧柏林的学业即将完成之际,她被迫肄业。

埃德莫尼亚是真的有罪还是那些女孩把她们喝醉酒的责任归咎于一个有可能被大家怀疑的人?我们不知道,但我们知道的是,这些事件改变了埃德莫尼亚的人生轨迹。尽管她从来没有在公共场合谈及过这些指控,她说:“我想重新回到以前原始的印第安生活。”但她对雕塑怀有不可磨灭的热情,而且她暗下决心要证明欧柏林对她的所作所为都是错误的,最终这些让她放弃了逃避的想法。18岁的埃德莫尼亚没有回她尼加拉瓜的家,相反,她去了波士顿,成为了一名雕塑家。

她跟随著名雕塑家爱德华·A.布拉凯特学习雕塑,不久后以8美元的价格出售了她的第一件作品——一个儿童的脚。这件作品卖出去后,她在自己的工作室门口挂了一个牌子："埃德莫尼亚·刘易斯，艺术家"。她的事业拉开了序幕。

新古典主义是当时流行的风格，艺术家们复制着古希腊雕塑的主题和外观。埃德莫尼亚很快就掌握了这种创作手法，而且以自己独特的视角选择雕塑题材。约翰·布朗奖章是她的早期作品之一，在这块石膏奖章上，埃德莫尼亚刻画了革命党人和废奴主义者约翰·布朗在1859年于弗吉尼亚州领导的一场反奴隶制起义。

埃德莫尼亚的雕塑作品《克娄巴特拉之死》失踪了很多年。最初，在它被购买后，被买家放置在一个芝加哥的赛马场附近。几年间，赛马场被改造成为一个高尔夫球场，后来又成了弹药厂，最后则变成了一个邮局。这块地皮几易其主，但这尊雕塑始终伫立在那里，虽然人们已经记不得它本来的模样。直到1987年，一个芝加哥的历史学社发现并修复了雕塑，埃德莫尼亚的作品才重见天日。

后来埃德莫尼亚又创作了罗伯特·萧上校的半身像，萧上校是美国内战中黑人部队第五十四军团的领袖。埃德莫尼亚在那次游行中看到了萧上校后，就向一个认识上校家人的白人朋友求助，希望获得一张上校的照片，以在此基础上为他塑像。这个朋友认为埃德莫尼亚不是一个好的雕塑家，拒绝了她的请求。然而这没有让埃德莫尼亚停下脚步，正如她没有让投毒事件打倒自己一样。她自己找到了照片，开始创作半身像。完成后，埃德莫尼亚向萧上校的家人展示她的作品，获得了他们的喜爱和肯定，并被允许销售半身像复制品。在一次为黑人士兵争取白人士兵同工同酬的筹款活动上，这件作品的复制品卖出了100件，这让那些怀疑她的人大吃一惊。她将所得收入的一部分捐给了主办方，然后用剩下的钱来到了世界雕塑中心——意大利。

在意大利，埃德莫尼亚的天分得到了充分的发挥，成功也继之而来。她师从美国顶尖的雕塑家希拉姆·鲍尔斯，学习如何将陶塑放大到一个真人大小的大理石塑像。埃德莫尼亚不同寻常的人生影响了她的雕塑，她的作品主题相对于时代也显得非同一般。《永远自由》展示了一个戴着镣铐的非裔美国人，他身上的枷锁摇摇欲坠，好像在庆祝奴隶制的终结。《亨利·华兹华斯·朗费罗半身像》是纪念诗人朗费罗的诗歌《海华沙之歌》，这首诗改变了美国白人对印第安人的看法。《夏甲》刻画了圣经故事中被放逐到旷野中去的奴隶夏甲，这有可能是受埃德莫尼亚自己在欧柏林的经历启发。《老印第安制箭师和他的女儿》则反映了埃德莫尼亚的民族齐佩瓦部落的衣着和装饰传统。

她的晚期作品《克娄巴特拉之死》轰动了1876年在费城举行的美国独立百年博览会，即世博会。它以独特的视角描绘了克娄巴特拉死后的生命，极具话题性的主题震惊了所有人。评论家们赞扬了这件作品，甚至欧柏林的评论家也挖苦道："这个久负盛名的雕塑家……刘易斯小姐16年前在欧柏林上了第一堂艺术课。"埃德莫尼亚终于证明了自己。

埃德莫尼亚在意大利不仅名利双收，还不用遭受在美国时所面临的种族歧视，她在那里度过了余生。美国的生活似乎处处与她作对：身为女人、黑人和印第安人，她没有机会和权利。但埃德莫尼亚战胜了时代的偏见、贫困以及几乎毁了她的丑闻，获得了成功。埃德莫尼亚从来不会放弃自己的梦想——她是第一个驰名国际的黑人和印第安人雕塑家，为后来的女性和少数族裔艺术家开辟了道路。

你将如何撼动世界？

我要成为一个野生动物摄影师来震惊世界，并用所得收入建立一个野生动物救助中心。我还要为保护濒危动物的组织做一些力所能及的事情。希望我可以让许多野生动物摆脱被滥杀的命运，并教育人们世界需要生物多样化。

——麦肯兹·佩奇，15岁

Emma Lazarus

艾玛·拉扎罗斯

——追求自由的犹太女诗人

1849～1887 ◎ 诗人 ◎ 美国

在我们可以获得自由前，
我们都是不自由的。

——艾玛·拉扎罗斯

14 岁的艾玛独自坐在房间里。她觉得学习这些音乐和语言课简直就是无聊透顶，她想尝试一些新玩意。艾玛用钢笔蘸了蘸墨水，开始在纸上捕捉那些在她脑海里一闪而过的词。她写得越多，就觉得越难。她没有接受过韵律和节奏的训练，努力创作的过程就好像是一场斗争。在几个小时的艰苦工作后，艾玛望着地上那堆皱巴巴的草稿纸，失望不已，打算放弃写诗。但她的内心忽然好像被什么点燃了一样，好像有人告诉她不要放弃。艾玛知道这个声音想让她把这些美丽的文字码放在纸上，所以她继续尝试着这个文字游戏。很多年以后，她的努力终于获得了回报。

1849 年 7 月 22 日，艾玛·拉扎罗斯出生在纽约市的一个犹太人家庭。她从小就对阅读和写作产生了浓厚的兴趣。除了学校里通常教的科目，私人教师们还教她音乐、欧洲文学、美国诗歌以及德语、法语和意大利语。艾玛 14 岁时就开始写诗。

她在文字上的天赋极高，17 岁时就出版了第一本诗集。后来，她又陆陆续续写了一本小说、一出戏剧、更多的诗歌和散文。年纪轻轻的艾玛很快就成为一个广为人知的、受人尊敬的美国作家。

自然、音乐和美术是艾玛创作灵感的来源，但最能激发她的还是社会问题。在 19 世纪 80 年代，东欧的犹太人面临着可怕的歧视和迫害。成千上万的犹太人为了逃避迫害而移民到纽约。艾玛目睹着他们的挣扎，受到了触动，开始写诗描述犹太人受到的迫害。她还写了一个中世纪残害犹太人的剧本，并翻译了中世纪的犹太诗歌。艾玛将这些诗歌和戏剧收录进了文集《闪米特人之歌》(*Songs of a Semite*)，并于 1882 年出版了这本文集。

艾玛去世后，她获得了极大的荣誉。她的十四行诗《新巨人》被刻在自由女神像的基座上。她的诗歌迎接那些希望摆脱迫害、渴求避风港湾的移民们。如今，她的诗歌继续迎接着新移民，即使他们现在可以乘坐飞机而不是船舶抵达纽约。诗的最后几行被刻在约翰 · F. 肯尼迪国际机场候客大厅的墙壁上。

《新巨人》

不同于希腊传说的铜塑巨神，
以征服者的雄姿横跨两岸陆地；
在我们落日映波的国门将会屹立
一位高擎火炬的威武女神，
以禁锢的雷电为火，而她的芳名是
流亡者之母。从她灯塔般的手上
燃起对万邦的欢迎之光；她温柔的目光
俯瞰着那长桥飞架的双城海港。
“旧世界，留着你过去的壮丽恢宏！”
她沉默的双唇喊，“给我那疲惫、困顿、
渴求自由呼吸的芸芸众生，
在你们富饶的海岸边遭到遗弃的
无家可归、颠沛流离的人，
我在金门之侧高举着明灯！”

艾玛不仅为她所信仰的社会运动写诗，她也是一位行动者。艾玛访问了主要的移民营地，帮助犹太新移民适应纽约的新生活。她还协助创建了希伯来技术学院，为新移民们提供所需要的教育。

行动大明星

诺丽·卡特

诺丽·卡特12岁时开始写一篇短篇故事，关于她的祖先在美国南部当奴隶的经历。诺丽花了6年时间修改润色这个故事，最终把它变成了一部300页的小说《好运》。18岁时，她的努力终于获得了回报，这本书被西蒙舒斯特出版公司出版了，并获得了“父母选择奖”的金奖。而诺丽也继续鼓舞并教育着全世界的年轻人。

Helen Keller

海伦·凯勒

1880～1968 ◎ 作家和社会活动家 ◎ 美国

我渴望完成一项伟大而高尚的事业，但我的主要职责是把小事当做伟大而崇高的事业来完成。

——海伦·凯勒

6 岁的海伦·凯勒站在水泵旁边，把一只手放在“哗哗”流着的水流下面。她的老师安妮在海伦的另一只手掌上轻轻划过，拼写出“w–a–t–e–r”，告诉她这是“水”。一场大病夺走了海伦的视力和听力，因为无法与人交流，她的童年绝大多数时间是在黑暗中度过的。因为她听不见，她不知道事物的名字，也不知道语言的含义。但是现在，在水泵旁边，所有这一切浮现在她脑海里。她终于明白了！这个每天冲洗着她双手的冰凉的东西就是水。那么其他东西的名字是什么呢？我的名字又是什么呢？她兴奋地想知道这一切。

在安妮老师的帮助下，海伦开始迈向交流的第一步。最终，安妮会帮助海伦战胜种种障碍，学会读写甚至说话。她的成就改变了世界对残障的看法，并告诉人们残障人士可能会面临着独特的挑战，但也会为社会作出巨大的贡献。

1880 年 6 月 27 日，海伦·凯勒出生于亚拉巴马州的小镇塔斯喀姆比亚。她原本是一个聪明伶俐的女孩，不到一岁就会走路说话。但她 19 个月时生了一场大病，悲剧也随之发生了——海伦失去了视力和听力，她的世界陷入了黑暗和寂静。和其他小女孩一样，海伦拥有许多玩具，喜欢玩耍。她尤其喜欢洋娃娃，并亲密地称呼她最喜欢的那个娃娃为“南希”。但海伦的脾气让人捉摸不定，有时候她会踢打她最喜欢的娃娃，几分钟后又会充满怜爱地抱着它。

海伦阴晴不定的行为让父母担心不已，但他们也没有办法与女儿沟通。他们教会海伦一些简单的手势，如点头表示“是”，摇头表示“不”，做一个切面包的姿势表示“饿”。她也可以做一些日常的家务，如叠衣服等。但凯勒一家担心海伦永远分不清对和错，他们永远都拿女儿暴躁的脾气没有办法。

对海伦来说，最难的科目是数学，但她热爱阅读和写作。年仅22岁的她就发表了自传。

海伦6岁时，海伦家聘请安妮·莎莉文作为她的老师。刚刚20岁的安妮也曾经历了生活的巨大困难。安妮·莎莉文曾是一个孤儿，因沙眼致盲，手术后重获光明。14岁的她进入铂金斯盲人学校。一开始安妮也不能阅读，但经过学校训练后，她很快学会了阅读。虽然安妮恢复了视力，但她的经历驱使她去帮助其他的盲童。

现在，安妮所面对的困难是如何教育海伦。在最开始的这几个星期，她递给海伦一些物品，然后在她的手上拼写它们的名字。但海伦一直无法将这些物品与它们的单词联系在一起，直到那一天安妮将海伦带到水泵旁边，海伦才有了语言的意识。自那以后，海伦进步神速。在夏天结束时，她已经掌握了625个单词。在几年之内，她就学会了阅读盲文、写字、打字，甚至说话。在那个年代，对残障人士的教育是一个具有争议性的话题，许多人认为不可能也不值得教育残障人士。安妮和海伦用她们的行动证明了这是一个如此荒谬可笑的想法。海伦在普通学校里接受教育。她如饥似渴地学习着文学、数学、历史和外语。1900年，20岁的海伦排除万难进入久负盛名的拉德克利夫学院。安妮陪她上学，把课堂的内容翻译给她，协助她完成学业。4年后，海伦以优秀的成绩大学毕业。

海伦将毕生的事业奉献给了写作和争取盲人权利。1903年，她的第一本书《我的生活》出版后，在美国引起了轰动，这本书不仅成为了畅销书，还被翻译成为50多种语言。不久后，安妮和海伦开始在美国和欧洲巡回演讲。海伦为女性权利和世界和平发出倡议。不过，她最重要的工作是和美国盲人协会一起促进盲人教育和就业。通过她的名人效应，海伦让公众了解到做出改变的必要性。1964年，因其在事业中展现出来的勇气，海伦被授予总统自由勋章。

海伦将自己的成功归功于她的老师安妮。在《我的生活》中，海伦写道：

在我记忆里，安妮·莎莉文老师来的那一天，是我一生中最重要的日子。从这一天开始，我的生活和以前迥然不同，一想到这一点，我就感到非常兴奋……那天下午，我一声不响，怀着期待的心情站在门廊里。母亲给我打着手势，人们在屋里匆匆地走来走去，我模模糊糊地预感到一件不寻常的事就要发生了。于是我走到门口，站在台阶上等着…… 我觉得有脚步向我走来，以为是母亲，我立刻伸出双手。一个人握住了我的手，把我紧紧地抱在怀中。我似乎能感觉得到，她就是那个来对我启示世间的真理、给我深切的爱的人——安妮·莎莉文老师。

海伦和安妮的友情非常深厚，她们一直共同工作，直到1936年安妮去世。她们共同突破了障碍，改变了世界看待残障人士的方式。

你将如何撼动世界？

我要开设一家学校，教青少年如何照顾有特殊需要的孩子。我希望我的课堂可以提高青少年的自信心，教会他们尊重所有残障人士，也让残障孩子的家长更容易找到合适的教育机构。

——迪瓦拉·弗兰金，14岁

Anna Pavlova

安娜·帕夫洛娃

1881～1931 ⚙ 芭蕾舞演员 ⚙ 俄罗斯

一束光打下来！一闪而过！一种闪闪发光的美感冲击着我们的视觉！……它轻快、空灵、优美，超越了肉体的束缚，这是来自童话世界的精灵吗？……不，这只是帕夫洛娃，无与伦比的帕夫洛娃。

——《曼彻斯特晚报》，1925 年

圣彼得堡的街道被白雪覆盖着。在路灯的照耀下，一切都闪闪发光。安娜的雪橇轻盈地在城市里滑行，一片雪花落在她的鼻子上，安娜和妈妈发出了银铃般的笑声。她们要去看芭蕾舞表演。虽然安娜从来没有看过芭蕾舞，但“芭蕾”这个词对她而言似乎充满了魔力。她的妈妈轻声在她的耳边说：“你将会看到精灵的国度。”安娜有些迫不及待了。

马林斯基剧场是安娜所见过的最美的地方——蓝色的天鹅绒、金色的壁漆、豪华的礼服还有熠熠生辉的烛台。当她听到柴可夫斯基的音乐响起，芭蕾舞演员们随之翩翩起舞，踏入了《睡美人》的世界，安娜开始不由自主地颤抖。这太美妙了，安娜沉醉其中，几乎感觉到要眩晕了。她坐在那里，如痴如醉，直到灯光再次照亮全场。安娜激动地对妈妈说：“有一天我也要像睡美人一样跳舞。有一天我也要在这个剧场里面跳舞。”妈妈笑了笑，没说什么，但安娜知道这一切都会成为现实。

安娜和其他皇家芭蕾舞学院的学生们经常为俄国沙皇亚历山大三世表演。

从来没有人预测到，安娜真的有这样的毅力实现她的梦想，成为芭蕾舞演员。安娜是一个早产儿，她生下来的时候实在是太小了，父母都不愿意让她受洗。这样，如果安娜死了，她的灵魂可以得到救赎。让所有人惊讶的是，安娜奇迹般地活了下来，虽然她经常生病，但能够存活已经让人欣喜。在她两岁的时候，爸爸去世了，安娜和妈妈过着清贫的生活，有的时候只能拿黑面包和菜汤充饥。因为营养不良，安娜从小就骨瘦如柴、体弱多病。

安娜 8 岁时她妈妈节省下每一分钱，为了实现安娜的愿望，送她上芭蕾舞学校。虽然妈妈怀疑安娜的梦想，但经不住她的请求，还是领着她去皇家芭蕾舞学院。然而，学校的老师却告诉安娜，她的年龄太小了，需要回去，两年后再回来试镜。妈妈以为一切都结束了，但安娜却不这么认为。

在接下来的两年中，安娜用心模仿那天晚上她在剧场里看见的每一个舞步。10 岁生日那天，她再次去芭蕾舞学校试镜。考试很难，竞争非常激烈。每年有 250 个孩子去试镜，但只有 12 个人可以被选上。安娜两年的努力获得了回报，她被选中了，顺利进入芭蕾舞学校上学。经历了赤贫的童年，皇家芭蕾舞学院对安娜来说，宛如天堂一般。她不仅可以三餐吃饱，获得医疗上的照顾，还可以学习跳舞、弹钢琴、表演和哑剧。

经过 8 年的训练，安娜顺利毕业了，加入了皇家芭蕾舞团。18 岁时，安娜进行了第一次公开表演。安娜不同于俄国观众以前见到的那些芭蕾舞演员，他们通常又高又结实，安娜却清瘦而娇小。但她不同寻常的优雅和柔弱的美丽又让她脱颖而出。安娜精湛的舞技吸引了每一个人的注意力。短短几年内，她就被提升为首席芭蕾舞演员，成了芭蕾界的明星。

随着安娜越来越受欢迎，她离开了圣彼得堡，在俄罗斯的几个重要城市进行表演。不久后，在其他国家，希望见到这颗芭蕾新星的呼声也越来越高。于是，安娜开始在欧洲巡演，名声横跨了大西洋。1910 年，安娜来到了美国，在纽约著名的大都会歌剧院亮相。

在跳舞的时候，安娜靠喝水和吃面包屑补充体力。

安娜喜欢旅游。她知道她可以在俄罗斯境外赚更多的钱。所以，尽管俄罗斯芭蕾因为她提供了其史上最高的薪水，1912 年，安娜还是决定离开自己的祖国，搬到伦敦，入住一个宏伟的宅邸。一个充满了梦想的女人现在终于有钱实现自己的梦想。安娜开设了一个舞蹈学校，并成立了自己的公司。

尽管安娜身材娇小，她的胃口却不小。一个记者写道："我展开双手就可以握住帕夫洛娃的腰，但看着她大口吃着一块两英寸的牛排确实让我惊叹不已。"为了增肥，安娜甚至喝了好几加仑的鱼肝油。

安娜和她剧团里的舞者们如家人一般相互扶持，她们在美国展开了为期6个月的巡演，取得了巨大的成功。但她们回到欧洲时，政治形势很严峻。安娜不知道这将会是她最后一次在俄罗斯跳舞。第一次世界大战即将席卷欧洲大陆，牵动着每个人的命运。当战争爆发时，安娜正在柏林演出。在战争正式打响前，她设法登上了穿越英吉利海峡的最后一艘船，逃往英国。安娜把她的公司安置在美国，但并不知道当世界陷入战争时，她们如何才能养活自己。

在安娜最忙的时候，她一年可以跳坏2000双芭蕾舞鞋，相当于一个晚上跳坏5双鞋。

安娜的另一个梦想是让所有人都可以欣赏到芭蕾舞的美丽。在之后的十年中，她倾尽全力将芭蕾舞带到世界的每一个角落——古巴、哥斯达黎加、巴西、中国、日本、印度尼西亚、印度、埃及和新西兰，安娜将芭蕾舞介绍给这些国家，这些国家又将自己民族的舞蹈和服饰介绍给安娜。世界旅行让安娜的舞蹈变得更丰富多彩，具有异国风情。

安娜访问的许多国家并不具有芭蕾舞的演出条件，但这不能让安娜停下。在墨西哥城，安娜和剧团在一个大型斗牛场里为3万名观众献上精彩表演。斗牛场里温度极高，许多舞者差点昏倒，但安娜仍然坚持着，甚至当热带风暴席卷而来时，安娜仍然坚持在雨中跳舞，直到因为舞台变得非常危险，她才被人们拉下去。观众们非常享受这场演出，他们将自己的帽子投向安娜，以表敬意。

跳舞是我的天分，也是我的生命……上帝给了我这样的天分，去将欢乐带给别人……我被舞蹈的需要牵引着……尘世还是超脱，它都是对每一种情感最纯洁的表达。它是喜悦。

——安娜·帕夫洛娃

在安娜的职业生涯中，特别是经历了第一次世界大战的摧残后，安娜变得极其富有同情心，并以她的方式将艺术才能慷慨地分享给了需要帮助的人。她经常举办慈善演出，为伤员、老兵、遗孀、孤儿、穷人和无家可归的人筹集善款。她甚至领养了一些难民女孩。但她始终觉得自己可以做更多："除了艺术，我什么也给不了他们。当这样的事情做完了，我感觉很糟糕。"

总想做更多的愿望驱使着安娜继续前进。在一次采访中，她说道："我感觉如果我一旦感到满足，我所拥有的任何力量将会离我而去。正是神圣的不满足感推动着我们这些艺术家不断前进。"尽管她拥有足够的财富，并不需要工作，安娜从来没有想过退休。50 岁的她依然在工作着。对工作过于投入在一定程度上摧毁了她的健康，加速了她的死亡。1931 年，她奔波于巡演会之间，因过度疲劳而不幸猝死。

在一个没有飞机和高速公路的年代，安娜的旅行超过 50 万英里，为数百万的人带去了成千上万场演出。对大多数观众来说，安娜让他们第一次看到了芭蕾舞。就像小安娜第一次看芭蕾舞就开始梦想那样，首席芭蕾舞演员安娜用一生向人们展示她的梦想，并为世界带去振奋的力量。

你将如何撼动世界？

我想成为一个柔术演员！我想聚集一帮柔韧性极好的人——他们可以让关节更松动，比普通人更灵活，就像我一样。我们可以进行表演，并将表演中所获得的每一分钱都捐给慈善机构。

——佩奇·基奥斯乔斯，13 岁

Coco Chanel

可可·香奈儿

——时尚女王

1883～1971 ◎ 时装设计师 ◎ 法国

（可可）是欧洲最有品味的女人。

——毕加索，艺术家

加布里埃尔非常小心地走下楼梯。这身紫色天鹅皱褶绒礼服又长又重，她担心自己可能会被绊倒。她正迫不及待地赶去参加毕业典礼，想看看那些富裕的同学看到自己的表情。他们不会相信她有豪华的礼服，他们也从来不会猜到这是她自己亲手设计并制作的。但她姑姑不悦的表情引起了她的注意。

“什么？亲爱的，你穿了什么？你那件衣服看起来很糟！紫色不是你的颜色，在这些褶皱和羽毛下，我几乎看不到你。”

加布里埃尔笨拙地踩着高跟鞋，泪流满面地跑进了屋子。她恨残酷的姑姑，但加布里埃尔知道姑姑是对的。风格奢侈繁复的裙子从来都不会让她感到舒服，她也不觉得这样好看。她喜欢简单舒适的衣服。她为什么要做一件这么可怕的裙子？加布里埃尔希望这一天早点结束。

加布里埃尔后来成为了著名的可可·香奈儿，并将她的简约风格发扬光大，使之成为低调奢华和优雅的象征。后来她进入了她所渴望的精英世界，影响了富人和名人的穿着。但她绝不会提起她的童年。

可可这个名字据说是来自加里布埃尔当女歌手时演唱的一首歌《谁看见了可可？》，这首歌讲了一条迷路的小狗的故事。

加布里埃尔上流社会的朋友和客户很少知道，时尚女王原本只是一个在法国奥弗涅长大的农村女孩。加布里埃尔家境贫寒，她童年时母亲就死于肺结核。她父亲是一个到处游晃的小贩，抛弃了12岁的加布里埃尔和她的两个姐妹，把她们送进了孤儿院，就再也没来看过她们。

加布里埃尔通常不是一个容易忌恨的人。不过有一次，在一个舞会上，一个言过其实的设计师激怒了可可。可可就假装邀请她跳舞，然后将她领到一个烛台旁边，结果蜡烛点燃了这个设计师的礼服。

加布里埃尔的世界崩塌了，但她的骄傲让她无法将内心的脆弱表现出来。对孤儿院的修女来说，可可聪明伶俐，工作努力。她年幼时就得在成为修女或继续上学之间做出决定。她选择继续学习，虽然这并不容易。在修道院的寄宿学校，富有的学生和像加布里埃尔这样被施舍的学生隔离开来。她被这样的待遇羞辱着，于是下定决心成为一个女裁缝，自食其力并照顾姐妹们。

为了学校的典礼，加布里埃尔在附近的姑姑家里夜以继日地工作着，设计一条长裙。受到爱情小说和时尚的影响，她设计了一件浓艳而繁复的紫色天鹅绒礼服，结果却受到了姑姑的尖锐批评。于是，她终于明白再也不能偏离自己的内在风格。简洁的服饰、典雅的颜色将成为她的名片。

毕业后，她白天是一个女裁缝，晚上是一个歌手。在巴黎的夜总会，她收获了“可可”这个名字。尽管可可的声音不是最美妙的，但她十分有魅力，很快就成了巴黎最受欢迎的歌手之一。一些富有而有影响力的男士争相向她献殷勤，将她引荐给英国的上流社会。

可可设计了开衫毛衣。那一天，天气很冷，可可借了男友的一件套头衫。为了穿衣服的时候不致弄乱头发，可可剪开了毛衣的前襟，沿着粗糙的边缘装饰上了一根丝带。那天，每一个见她如此打扮的女人都说想要一件。现在，人们还会穿这样的开衫毛衣。

尽管可可想尽力融入这些公爵、伯爵的社交圈，她还是有些不一样。在她身边，这些体态丰满的女人被重叠的布料裹着，任凭腰带和胸衣紧紧地箍着自己的身体，显得十分笨拙。她们的头上顶着几乎和她们一样重的帽子。“在这些东西的重压下，头脑怎么可能正常运转呢？”可可想。

可可是一个平胸的假小子，热爱骑马运动。她知道自己的特点不能和这些时尚花蝴蝶们比，于是她就展示自己特点——身材苗条、颈部曲线优美。可可亲手做了一些简洁的外衣，甚至向男友借了一些男士裤子、衬衣和领带。她的服饰被视为激进的，但她的帽子却大获欢迎。不同于以往那些水果、花卉和羽毛相混合的庞然大物，可可设计的帽子非常小巧，只用一根羽毛或一朵花装饰，或者压根什么装饰都没有。

25岁时，她向富有的男友亚瑟·卡贝尔借了一些钱，可以在巴黎一个豪华的街区开设自己的店铺和设计工作室。一开始，可可的设计被认为显得“凝重”。但随着第一次世界大战的到来，即便是一些富有的女人都开始为战争作准备。她们卸下了华丽的裙子和帽子，扔掉了精细的内衣——当男人们在战争中受苦受难时，这些服饰显得过于奢侈。简洁风格的服饰随之而来：球衣套装，猎装外套，还有小黑裙。可可为更自由的一代女性设计服装。实用性是她的理念：女性的着装必须能让她们更灵活地活动。不久后，巴黎和欧洲的富有女性开始预订她最新的设计。批评家们甚至也改变了腔调，称赞她的服饰“优雅大方”。

和大多数设计师不同的是，可可做衣服时从来不用草图或模型。她直接将布料披在模特身上，拿出剪刀和别针，剪裁布料，直到满意为止。这样，一套香奈儿的服装就完成了。

可可的时尚风格和她的童年相呼应：简洁的剪裁就像她的老校服；中性的颜色，特别是黑色，就像修女们的衣着。平板素雅的服饰搭配华丽的珠宝，就像教堂中装饰着染色玻璃窗。她也受到了穷人服饰的启发：海员的裤子和帽子，还有女学生的裙子。在多年的贫困后，可可终于可以在那些富有的客户身上大赚一笔，而且她知道，一个高价的标签可以让她的服装销路更好。在20

世纪20年代，可可设定了“新女性”的标准：苗条、中性、简短而随意的头发还有经济独立。30岁时，她已经站在了世界时装界之巅。

在社交界，她也如鱼得水。创造力旺盛，经济独立，可可和艺术家们为伍：伊戈尔·斯特拉文斯基、毕加索、萨尔瓦多·达利——他们每个人都将可可视为朋友。

可可的服装十分畅销，她也得以很快偿清了亚瑟·卡贝尔的钱。但在亚瑟的眼里，可可的出身不适合成为他的结婚对象，不久后，他娶了另一个女人。可可受到了毁灭性的打击，但即便在亚瑟结婚后，他们还是会见面。直到阿瑟在一场车祸中去世，他们的关系才结束。在可可的一生中，她和许多男人约会过，但从未结婚。

1933年，可可50岁了。她的时尚帝国拥有将近4000名员工，每年推出28种设计。她还涉足了其他时尚领域。可可的珠宝产品也取得了巨大的成功。这些服饰珠宝是她从少年时期所看到的染色玻璃和宗教图案中汲取的灵感。可可还开始制造香水，一种全然不同的香水。香奈儿5号融合了80种花精，配制出了一种全新的、充满青春气息的味道，比其他香水留香更久。可可还设计出革命性的香水瓶，不同于以往浪漫的、曲线玲珑的香水瓶，香奈儿5号的香水瓶是方形的，结实而同样充满着中性的味道。瓶子上只有她的名字和一个神秘的数字。人们被这款香水迷住了。不久，香奈儿5号成为了世界上最受欢迎的香水。

时尚的本质，是今天流行的风格会在明天落伍。但可可从来没有落伍，她的风格是永恒的。她是世纪之交的时尚先驱，在20世纪30年代的时尚巅峰，然后再在20世纪50年代重返巅峰。即使在20世纪80年代她去世后，可可的风格再次从坟墓中复活。如今，她的风格还是优雅低调的代名词。

一个可怜的孤儿，没有社会地位和人脉资源，可可白手起家，让自己成为了一个百万富翁，并创立了第一个时尚帝国。她让时装朝着舒服实用的方向发展，对后来的卡尔文·克莱恩、拉尔夫·劳伦以及汤米·希尔菲格产生了巨大的影响。可可把女性从束手束脚的时尚中解放出来，让她们既可以靓丽有型，又可以生活得轻松积极。可可的服饰备受推崇，格蕾丝王妃、玛丽莲·梦露和杰奎琳·肯尼迪都是她的粉丝。她的风格定义了一个世纪的女性时尚。

行动大明星

17岁的贾兹敏·惠特尼成为了洛杉矶时装周最年轻的服装设计师。第二年，她成为了在洛杉矶时装周走秀的最年轻的设计师。现在，她有6条服装线，并通过她的设计和电视真人秀《贾兹敏之家》影响了流行文化。

Bessie Smith

贝西·史密斯

——美国蓝调女皇

1894～1937 ۞ 歌手 ۞ 美国

贝西总是让我振奋。她划分蓝调音乐曲调的方式让她的嗓音拥有了其他歌手无法比拟的东西……她让音乐有了灵魂，表达出她所感受到的一切。

——路易斯·阿姆斯特朗，爵士小号手

小贝西的嗓子哑了，她穿着礼拜日能够找到的最好的衣服，在市场外面唱了一天的歌。许多路人经过，停下来听这个 9 岁女孩的甜美嗓音。但是，只有几个人在她的帽子里投钱。贝西的肚子咕咕直叫，她已经迫不及待地想回家吃晚饭。但低头看着帽子里少得可怜的几枚硬币，她知道这还远远不够。没有父母的养育，她的兄弟姐妹们都指望着她抚养。贝西只好拖着疲惫的身体，留下来继续唱。从她的喉咙里飘出了一种深情的曲调，好像能够直击人的灵魂，让人战栗。一群人被歌声吸引聚集而来，在她的歌声中沉醉。贝西不知道，有一天她会被人发掘，在一个真正的舞台上唱歌。随着时间的推移，这个羸弱的女孩会成为蓝调女皇。

作为一个非裔美国人，贝西旅行时经常遇到种族隔离和偏见，但她拒绝被胁迫。一天，她受到三 K 党[①]人威胁，贝西冲他们大吼："你们最好卷起铺盖给我滚！"就这样，贝西把他们吓跑了。

---

① 三 K 党（Ku Klux Klan），是美国历史上和现在的一个奉行白人至上主义的民间组织，也是美国种族主义的代表性组织。三 K 党是美国最悠久、最庞大的恐怖主义组织。Ku-Klux 二字来源于希腊文 KuKloo，意为集会。Klan 是种族。因三个字头都是 K，故称三 K 党。又称白色联盟和无形帝国。—— 译者注

1894年4月15日，伊丽莎白·史密斯出生在田纳西州的查塔努加。查塔努加是一个人口约3万的繁华小镇，其中40%的人口是非裔，许多人入不敷出。在那个种族歧视和隔离的年代，非裔家庭不得不努力工作，但换来的只是勉强度日。贝西的父母年纪轻轻就去世了，丢下贝西和她的兄弟姐妹们。他们只能想尽一切方法赚钱糊口。贝西的童年是在街道上唱歌度过的。

贝西9岁时首次在当地剧院登台亮相。这场表演为她赢得了8美元的报酬。1912年，贝西的长兄为一个巡回演出的剧团工作，当剧团回到查塔努加，他说服经理给他才华横溢的妹妹一次试演的机会。因为他们已经有了一个歌手——格特鲁德·马雷尼，他们就聘请贝西担任舞蹈演员。马雷尼对贝西的声音留下了深刻的印象，后来招募她进入一个著名的非裔剧团——“兔脚吟游诗人”——进行演出。

不久后，贝西的音乐大受欢迎，她可以独立演出了。贝西的演出足迹遍及美国南部，剧场、俱乐部和会议厅里都留下了她动人的歌声。她原生态而强有力的嗓音吸引了大批观众，而她充满活力的台风也令她名气大增。

1923年，贝西录制了第一张唱片《伤心布鲁斯》。年底，这张唱片的发行量超过75万张。在她的职业生涯中，贝西发行了150多张唱片，累计发行量超过1000万张。这是一个惊人的数字，因为在贝西的年代，许多人家甚至都没有音乐播放设备。一些非常有才华的音乐家都曾为贝西伴奏过，如小号手路易斯·阿姆斯特朗、钢琴家弗莱彻·亨德森和长号手查理·格林。

“这位世界上最伟大的蓝调歌手永远都不会停止唱歌”，这是贝西的墓志铭。1970年，詹尼斯·乔普林和其他的捐赠者为贝西买了一块墓碑。在那之前，贝西一直没有墓碑。

1937年，年仅43岁的贝西出车祸重伤而死。她短暂的一生艰难而圆满。这位无与伦比的歌手一生坎坷，她将这样的经历写进了她的歌里，她的音乐见证她战胜了贫困和偏见，从一个街头流浪歌手成长为一代蓝调女皇。直到今天，贝西的许多唱片还被认为是时代最佳的音乐。

你将如何撼动世界？

我的梦想是成为一个歌手，因为每当我唱歌的时候，我感觉我好像在另一个世界一样。我要跟随我的两个导师——我爸爸和凯莉·克拉克森——的步伐，勇敢地追求梦想。

——凯西·米德尔顿，10岁

Irène Joliot-Curie

伊蕾娜·约里奥·居里

——诺贝尔化学奖获得者

1897～1956 ❂ 化学家 ❂ 法国

一项任务一旦开始，就以一种出人意料的方式发展，为未来的工作开辟了新的道路。这样才可以满足我们的冒险精神。

——伊蕾娜·约里奥·居里

伊蕾娜的四周都是血，在她身边，军队的医护人员忙碌地照料着受伤的士兵，医疗设备也在不停地工作着。奄奄一息的病人在呻吟，远方的战场上炮声隆隆。但是，18岁的伊蕾娜·居里完全不在乎这些可怕的干扰，她正专注于手上的工作，聚精会神地设置一台新机器。法国军队医院的医生和护士很好奇，他们迫切地想知道年轻的伊蕾娜在搞什么神秘的玩意儿。

伊蕾娜完成了机器的设置，她请一个病人当志愿者来试用这个机器。当一个士兵的腿骨奇迹般地出现在他们面前的屏幕上时，医生和护士们都惊讶地瞪大了双眼。他们完全可以透过他的腿——穿过皮肤、血液和肌肉——看到他的骨头。而且，他们可以看到骨折的确切位置。伊蕾娜向他们展示的正是她和母亲共同研发的放射性技术——具有突破性意义的X射线仪器。

伊蕾娜热爱户外运动。她最喜欢的运动包括自行车、滑雪、游泳和登山。她终生都坚持运动。

1897年9月12日，伊蕾娜·居里出生在巴黎，她的父母是诺贝尔奖获得者皮埃尔和玛丽·居里。父母忙于科学研究，伊蕾娜和妹妹大部分时间和祖父待在一起，由他一手照料，在1906年父亲皮埃尔去世后更是如此。伊蕾娜是一个安静、喜欢思考的孩子，她热爱自然、诗歌和阅读，但最感兴趣的还是科学。尽管当时许多人认为女孩不应该学习科学和数学，但玛丽·居里支持女儿学习这些学科。

实际上，玛丽认为大多数法国学校在学科设置上非常狭隘，于是她为自己的女儿和其他大学教授的8个孩子办起了一个合作式的学校，邀请那些大学教授们在学校里教授艺术、文学、科学、数学、英语和德语。然而，这个学校只持续了几年就关闭了。在那之后，伊蕾娜在一所私立女子学校度过了两年时光，然后进入了巴黎著名的索邦大学。1925年，伊蕾娜因为对 α 粒子的研究获得博士学位。

在伊蕾娜的一生中，母亲对她的影响最大。玛丽·居里是法国第一个获得博士学位并教学的女性，也是世界上第一个获得诺贝尔奖的女性(她获得了两次诺贝尔奖：第一次是物理奖，第二次是化学奖)。伊蕾娜从母亲身上学到很多，她们也经常一起工作。

第一次世界大战爆发，伊蕾娜和玛丽倡导在战场上使用X射线救治伤员。伊蕾娜亲自前往法国前线组装机器，教人们使用射线。她向医生和护士们演示，如何拍摄士兵伤口的X光片以及如何在图像上定位骨裂和炮弹碎片的位置。然后，她又帮助医生确定手术进入伤口的最佳治疗角度。

战争结束后，伊蕾娜在巴黎大学镭研究所继续担任母亲的助手。在那里，她遇到了她未来的丈夫和研究合作伙伴弗雷德里克·约里奥。弗雷德里克和伊蕾娜于1926年结婚，婚后育有两个孩子：海伦(1927年)和皮埃尔(1937年)。

婚后，伊蕾娜和弗雷德里克称呼他们自己为约里奥·居里夫妇。他们在一起进行了开创性的实验，并写了几百份报告。1934年，伊蕾娜和弗雷德里克开始实验两种金属——钋和铝。研究结果是一个突破性的发现：他们可以制造出人工放射性活动！这个发现为伊蕾娜和弗雷德里克赢得了1935年诺贝尔化学奖。伊蕾娜和她母亲玛丽成为了唯一一对获得诺贝尔奖的母女。

可悲的是玛丽无法分享女儿胜利的喜悦。当时，没有人知道暴露于放射性化学品中是致命的。由于玛丽和这些化学品长时间接触，在伊蕾娜被授予诺贝尔奖的一年前，她死于白血病。

她的母亲去世后，伊蕾娜继续从事研究，而弗雷德里克则以科学家的身份在法兰西学院工作。伊蕾娜成为了女性权利坚定不移的支持者，并加入了法国妇女联合会全国委员会。1936年，她成为了法国第一位女性内阁成员，并被任命为分管科学研究的副国务卿之一。她也是世界和平理事会的成员和法国荣誉军团的官员。

伊蕾娜和弗雷德里克有两个孩子，海伦成为物理学家，皮埃尔成为生物学家。

伊蕾娜全身心地投入研究中。1938年，她完成了另一个开创性的实验。虽然她认为结论没用，因为实验结果并不支持她以前的工作，但后来，科学家们重复了她的实验，意识到伊蕾娜其实已经发现了核裂变(分裂原子)。核物理学家对她的研究结果进行了分析，为这一重要领域的研究奠定了基础。

伊蕾娜将一生都奉献给了研究工作。和她母亲一样，伊蕾娜死于白血病。为了纪念这位有重大科学发现的科学家，法国政府为她举行了国葬。

你将如何撼动世界？

我有很多种震惊世界的方式，找到癌症的治疗方法就是其中之一。至今，癌症仍然是一个医学谜团，我要解出那个谜团。

——玛利亚·阿昂，13岁

Marian Anderson

玛丽安·安德森

1897～1993 ◎ 歌手 ◎ 美国

你的嗓音真的是百年一遇。

——指挥家托斯卡尼尼称赞玛丽安

这个年轻的女孩走进屋子，声乐老师朱佩塞·博盖蒂勉强抬起头，看了她一眼。他皱着眉头，然后继续在乐谱上涂写。

“你知道”，他吼道，“我见你只是给校长面子。”

玛丽安可以感觉到自己的身体在颤抖。她真的可以在这个人面前唱歌吗？博盖蒂先生是这个国家最德高望重的声乐老师之一。他凭什么听她的演唱？

“我不想要更多的学生。我已经有许多学生了。”她的心一沉，但博盖蒂先生挥手示意，让她开始唱歌。

为了让自己不紧张，玛丽安闭上眼睛，试图忘记她现在的位置和为谁唱歌。她选择演唱自己最喜欢的宗教歌曲《深深的河流》——“深深的河流啊，我的家乡是约旦……”玛丽安饱满而洪亮的声音响彻了整个教室。

一曲唱毕，她睁开眼睛，教室里一片寂静。博盖蒂先生的眼睛也闭着，他屏住呼吸，全身好像僵硬了一样。“完了，他肯定讨厌我的演唱。”玛丽安有些惊慌失措。

玛丽安总是可以娴熟地发声。她小时候，妈妈就告诉她，想象那些只能坐在阳台上的黑人们，你必须确保他们也可以听得到你的声音。

在一瞬间的静止后，这个喜欢板着脸的老师睁开了眼睛，盯着玛丽安看了许久。他面无表情地说："我会留个位置给你。"

玛丽安惊喜地捂住嘴巴，忍住不尖声叫出来。

"我只需要两年的时间来训练你。在那之后，你可以去任何地方，唱给任何人听。"

玛丽安乐坏了，但现在她又有了新的烦恼。她担忧教会为她筹措的钱是否足够支撑她两年的音乐学习。博盖蒂先生的课肯定不便宜。玛丽安向博盖蒂先生说明了自己的忧虑，但让她又一次感到惊讶的是，博盖蒂先生说他会免除她的学费，免费教她音乐。玛丽安不敢相信这样的幸运竟然会落在自己的头上！终于，她的梦想要成真了。也许有一天，她真的可以成为一个著名的歌手。

1897 年，玛丽安生于宾夕法尼亚州的费城。她的父亲靠运送冰和煤养家，母亲则是一个家庭主妇，专心照顾玛丽安和其他孩子。玛丽安在这样一个幸福的家庭中长大，被爱包围着。她很小时就喜欢上了音乐，但父母没有钱给她买乐器或送她上音乐课。所以，玛丽安自己学习音乐，3 岁就开始唱歌。

6 岁时，她就成为教会唱诗班的明星。她的嗓音深沉而浑厚，音乐家们称她为女低音，也就是最低的女性声音。但玛丽安也可以唱高音和中音。事实上，每当唱诗班学了一首新歌，玛丽安会自己学习从高到低所有的声部，以便如果哪一个歌手错过了一部分，她就可以补上。

玛丽安 12 岁时，她父亲死于一场事故，因而她们家的生活每况愈下。母亲只好为别人打扫房屋维持家用。母亲辛勤劳作，以确保孩子们可以吃得饱穿得暖，尽管她从来不抱怨，玛丽安还是非常希望帮家庭减轻负担。虽然她梦想成为一个歌手，但她还是要学做一些更为实际的工作。她学习打字，这样在她高中毕业后，她可以成为一个秘书，补贴家用。

然而，她的声音是如此优美，在高中时代，人们常常请她去教堂聚会、派对和俱乐部里唱歌，每次演出后她可以获得 5 元。对玛丽安来说，这是很大一笔钱，她考虑也许自己不需要做秘书就可以养家。但她知道，要成为一个专业歌手，她必须接受专业的训练。

她决定申请一所本地的音乐学校，然而，学校粗鲁地拒绝了她："我们不接受有色人种。"玛丽安崩溃了，尽管她知道种族主义始终存在着，但她在一个黑人和白人相互尊重的社区里长大。这是玛丽安第一次亲身体会到种族主义。她感到害怕，就在那时，她准备放弃唱歌的梦想。她告诉母亲："那个女人说话的方式撕咬着我的灵魂。""你必须得有信念，"这是母亲的回答，"将来还会有别的办法让你学习音乐。"

当玛丽安第一次坐船去欧洲的时候，她是船上唯一的黑人。在整整两周的航行中，玛丽安只能一个人待着，和船上的白人乘客隔离开来。

是的，还会有别的方法。玛丽安的教会坚信她的梦想会成真，当教会里的其他人听说了玛丽安的遭遇，他们自发筹资送她读私人的课程。那就是玛丽安缘何会来朱佩塞·博盖蒂这里试音。那一年她高中毕业，开始在全宾夕法尼亚州的教堂、大学和小剧场里进行专业演出。她的演出费甚至涨到了100美元一场。玛丽安人生中最快乐的时刻就是那一天，她告诉母亲："我现在可以照顾你了。你再也不用去工作了。"

当玛丽安去华盛顿林肯纪念堂演唱时，她不能进入任何酒店，只好住在一户普通人家。

1925年，玛丽安获得一个难得的机会。她参加了一个唱歌比赛，和300多名竞争者竞争——在纽约爱乐乐团的演奏会上演唱。玛丽安让所有人包括她自己大吃一惊：她赢得了比赛。她与这个著名的乐团的合作堪称完美，这也让玛丽安确信，她事业的春天就要来了，她相信那些美国最好的音乐厅的邀请函也会随之而来。

然而，玛丽安错了。尽管60年前，美国内战解放了黑奴，但美国仍然是一个种族隔离和种族主义泛滥的国家。《吉姆·克劳法》[①]（吉姆·克劳是巡游

① 《吉姆·克劳法》(Jim Crow laws)泛指1876～1965年美国南部各州以及边境各州对有色人种(主要针对非洲裔美国人，但同时也包含其他族群)实行种族隔离制度的法律。——译者注

歌舞秀中一个对人言听计从的黑人角色）规定在汽车或火车上，不允许黑人和白人坐在同样的位置，他们不能在同样的餐厅吃饭，也不能同台演出。“只准白人进入的标记”遍及美国。玛丽安没有收到美国最好的音乐厅的邀请函，仅仅因为她是一个黑人。而且，即便她可以在那里唱歌，许多白人观众也不会相信一个黑人有任何唱歌的才能。

玛丽安的事业在美国停滞不前，她知道去欧洲将会是她唯一的出路。1930年，她离开美国前往欧洲，并在那里待了5年。虽然她在美国没什么名气，但在欧洲她却被视为一个伟大的歌手，大受欢迎。她甚至受邀为瑞典、挪威、丹麦和英国的国王和女王们献唱。在国外，玛丽安很开心，不仅是因为她尝到了成功的滋味，更因为种族主义的桎梏终于可以从她的双肩卸下：她可以在任何地方坐下，待在任何酒店里，在任何餐厅吃饭，在任何她想表演的地方献唱，她以一个歌手的身份养活自己。欧洲人不在乎她的肤色，他们只欣赏她的歌声。可是，玛丽安想念她的家人，她渴望回到美国，把家乡变成一个更好的地方。

一天晚上，玛丽安在巴黎的一个音乐厅里表演。观众席里坐着世界顶级经纪人索尔·胡洛克，他曾帮助安娜·帕夫洛娃开启了她的舞蹈事业。在演出结束后，胡洛克问玛丽安他是否可以成为她的经纪人，代理她在美国演出的经纪约。又一个梦想就要成真了！然而，其他一些商业顾问和专家们警告胡洛克，美国还没有准备好接受玛丽安。他们预言：“你还不能够把她带回去。”因为5年间，美国没有改变多少。

但是，在索尔·胡洛克的帮助下，玛丽安的回归取得了空前的成功。1935年，玛丽安在纽约著名的市政厅演唱。观众们全体起立，给予了她热烈的掌声，评论家们甚至断言：“玛丽安·安德森回到了她的祖国，她是这个时代最伟大的歌唱家之一。”她终于回家了。

1939年，在许多国家的首都演唱后，玛丽安尝试在华盛顿的宪政大厅举办一场演唱会。宪政大厅的拥有者是一个叫“美国革命女儿会”（DAR）的女性组织，这个组织成员的祖先们曾参加了美国独立战争。然而讽刺的是，她们的祖先为自由而战，她们却拒绝让玛丽安在她们的舞台上演出——这个舞台只属于“白人艺术家”。第一夫人埃莉诺·罗斯福也是DAR的成员，她退出了这个团体以示抗议。这起事件引发了20世纪第一个伟大的民权辩论之一：黑人和白人都开始公开讨论黑人的权利，并等着看会发生什么。

接下来发生的一切宛如一场革命。玛丽安被邀请在林肯纪念堂前面举办一场免费的音乐会。林肯纪念堂是一个具有象征意义的地点，在这个起草了《解放黑奴宣言》的男人的塑像底下，音乐会吸引了令人难以置信的7.5万名支持者，还有几百万的人通过广播了解了当天的活动。玛丽安被人们的支持惊呆了，事后她竟然完全忘记了自己在台上的表现，然而，观众们永远都不会忘记。

高中毕业后，奥菲斯·费舍第一次向玛丽安求婚。玛丽安拒绝了他，因为她知道这会影响她的事业。在后来的20年间，玛丽安努力追求自己的梦想，奥菲斯则一直默默等候着她。玛丽安最终被他感动，答应了他的求婚。他们于1943年完婚。

一个现场的观众记得，玛丽安以“美国”开场，然后在场的白人和黑人们与她一起唱：“我的祖国，这是你的，一片自由的甜土，我为你歌唱。”他说：“她重点强调了‘自由’这个词,DAR拒绝她登台演唱就是在破坏这种自由……我的眼里噙满了泪水。我感觉几乎在场的所有人都流泪了。”当她以“……让自由声响起”结束时，整个美国都在聆听。一个记者赞扬了玛丽安的勇气：“那场音乐会……鞭击着美国种族主义的深处。”马丁·路德·金曾在同一个地点发表了他的著名演讲《我有一个梦想》，但那之前的若干年，玛丽安·安德森已经用她渴望平等的梦想唤起了公众的良心。

在以后的职业生涯中，玛丽安继续冲破肤色的障碍——她在白宫和总统就职典礼中演出；她在俄罗斯、以色列和日本演唱；在第二次世界大战期间，她终于登上了宪政大厅的舞台。1955年，玛丽安实现了另一个目标：她成为了第一个在纽约大都会歌剧院表演的黑人。在她演唱前，观众们全体起立，向她投以雷鸣般的掌声，以支持玛丽安为改变美国所做出的努力。

她童年的梦想实现了，玛丽安将继续唱响全世界！1957年，玛丽安作为美国的亲善大使随国家访问团在12国巡演。一年后，玛丽安被正式命名为联合国亲善大使。她一直唱到了70多岁才退休，并在1964～1965年在美国举行了告别巡演。在她的一生中，她获奖无数，包括1939年的斯宾迦奖（Spingarn Medal）——这是美国黑人的最高成就奖，还有1963年的总统自由勋章——这是和平年代总统能够给予一个公民的最高奖项。

许多人相信玛丽安纯净的嗓音和宽广的音域让她成为了世界上最伟大的女低音。但她的影响力不仅限于她的嗓音和音乐。玛丽安的讣告总结道："她在跨越种族和文化强加给艺术的屏障的同时，保持了高度的自尊。"她向美国的黑人和白人们证明了，如果被给予平等的机会，黑人可以取得成就。她的成功为所有的黑人艺术家打开了音乐的大门——史迪威·王德、戴安娜·罗斯甚至玛利亚·凯利。她也让音乐最早成为了美国黑人获得认可并取得成就的领域之一。玛丽安的勇气，还有她对每个美国人都有追求梦想的权利的坚持，也为后来的民权运动领袖如罗莎·帕克斯和马丁·路德·金奠定了基础，更为20世纪中期伟大的种族变革扫清了障碍。

行动大明星

夏莉丝4岁时，她的妈妈注意到女儿有一个大嗓门。经过一段时间的声音课程训练，夏莉丝开始参加一些歌唱比赛，像菲律宾的《小小大明星》，还有韩国的《明星王》。一个粉丝将她的比赛视频上传到YouTube上，夏莉丝开始在国际上迅速走红。这个年轻的菲律宾小姑娘现在已经出了6张专辑，还登上了《奥普拉秀》。

Golda Meir

果尔达·梅厄

——以色列女总理

1898～1978

在我死之前，我只想看到一件事，那就是我的人民不再需要同情的词句。

——果尔达·梅厄

“我的女儿不可以站在大街上的小箱子上出洋相！这简直就是耻辱。”果尔达的爸爸满脸通红，暴跳如雷地朝她大吼。17岁的果尔达试图向父亲解释，她向自己许诺，也向朋友们承诺，自己会在犹太教堂前发表演讲。她试图去解释，她先前的演讲非常成功，社区中犹太人对帮助他们的巴勒斯坦同胞们感到十分兴奋。但狂怒的父亲不想听她的解释，他咆哮着：“如果你敢走，我就跟着你，然后拽着你的辫子把你拉回家。”果尔达还是走了，但当她站在演讲箱上面对一大群人的时候，她感觉自己的身体在抖。

因为果尔达早上在商店里上班，她上学经常迟到。一个警察向她妈妈告状，但因为果尔达的妈妈不会说英语，她没有听懂警察的话。然后果尔达就继续迟到。

她激情洋溢地讲述着在巴勒斯坦勇敢的犹太人们，不论男女，都在努力地建立一个全世界的犹太人都可以摆脱迫害、受到欢迎的国度。谢天谢地，在人群中她没有看见父亲，她却可以看见听众们的眼里闪烁着骄傲和决心。在她的演讲结束后，人群中爆发出热烈的掌声，更多的人表示愿意自愿投入到这项事业当中。果尔达想知道父亲到底有没有跟过来。回到家，她准备接受父亲的惩罚，妈妈在门口对她说："你爸爸睡着了，但他确实去听了你的演讲，觉得非常棒。他对我说，'我都不知道她从哪儿学来的这些'。"果尔达的父亲被女儿的演讲感动了，完全忘记了自己先前对她的威胁。果尔达认为这才是她做过的最成功的演说。

1898 年果尔达·马波维奇出生于俄罗斯的基辅，并在那里度过了生命的前五年时光。小小年纪的果尔达就经历了欧洲犹太人的挣扎：愤怒的俄罗斯暴徒们经常破坏犹太人的家和店铺，有时候会殴打甚至杀害犹太人。然而，面对这样的暴行，俄罗斯警察们却袖手旁观，置之不理。犹太社区为了抗议而举行了一日斋戒，年仅 5 岁的果尔达也不顾父母的反对，坚持进行斋戒。

不久，果尔达的父亲意识到，作为犹太人，生活在俄罗斯实在是太危险了。他决定带着全家移民到美国去。在一场漫长艰巨的旅行后，果尔达和她的家人到达了美国，在威斯康辛州的密尔沃基安顿下来。起初，美国的先进让果尔达眼花缭乱、应接不暇——自来水、电灯、小推车还有抽水马桶，不过很快她就高高兴兴地融入了密尔沃基社区的俄罗斯犹太大家庭。她的妈妈在她们家的公寓下面开了一家综合商店。早上，妈妈去市场进货，果尔达就在店里帮忙。

果尔达喜欢上学，也是一个好学生。11 岁的她就开始进行那些让她后来功成名就的活动：公共演讲和筹集资金。在学校，当果尔达意识到许多同学没有钱买课本时，她招募了一群女孩，为这些同学筹资买课本。她们成立了美国青年姐妹协会，并以协会的名义举办了一场舞会，吸引了许多人参加。在舞会上，她们供应食物、朗诵诗歌，果尔达还发表了一篇演讲。这次活动非常成功，她们筹集到了足够的善款为学校里所有的穷孩子们买书。

那个年代许多人没有机会上高中，特别是女孩们，很多还没有成年就去工作或结婚了。当果尔达告诉父母，她计划读完高中上大学时，她的父母开始密谋，想把她嫁给一个年龄是她年龄两倍的男人。果尔达发现了她们的阴谋，于是逃到科罗拉多州的丹佛市，和她的姐姐住在一起。

71 岁的果尔达回到了她在密尔沃基的小学。那时，非裔美国学生取代了犹太学生成为了这所学校人数最多的学生。学生们用以色列国歌《希望之歌》和纸做的白玫瑰迎接她。果尔达带着这朵白玫瑰回到以色列。

在丹佛，果尔达不仅上了高中，还参加了愈演愈烈的犹太复国主义运动。犹太复国主义坚信犹太人应该在他们古老的故土上建立一个新的国家。在几千年前，犹太教创始于中东的沙漠中，他们把那里叫锡安。犹太人在锡安过着和平的生活，直到有一天，罗马人来了，把他们赶了出去，重新命名这块土地为巴勒斯坦。犹太人分散在世界各地，很多人在一些并不欢迎他们的国家。他们渴望回归家园。果尔达被那些回到巴勒斯坦的犹太先驱者打动了，他们在努力重新认领这片沙漠，建立一个属于犹太人的国度。为了支持他们的努力，果尔达在丹佛的大街上站几个小时来筹资，以让犹太人可以从土耳其和阿拉伯的地主手中赎回巴勒斯坦的土地。

果尔达回到家，进入一所师范学校，她在这场复国主义运动中也变得越来越活跃。尽管她很年轻，犹太复国主义工党成员还是对她的工作留下了非常深刻的印象，允许 17 岁的果尔达加入工党。1917 年，19 岁的果尔达认为回巴勒斯坦的时机已经成熟，她要亲自帮助她的人民建立他们梦想的国度。在她离开前，她和爱人莫里斯·梅尔森结了婚。1921 年，夫妻俩一同回到巴勒斯坦。

在希特勒执政期间，一些成功的犹太医生、教师、律师和商人们逃回巴勒斯坦，当农民或工人，从零开始。

果尔达和莫里斯搬进了一个基布兹[①]——一种以色列集体社区，人们为了共同的目标在一起生活、工作。这个集体自己种植、生产食物，建立公用的住

① 基布兹（kibbutz）是一种以色列的集体社区。基布兹是希伯来语“团体”的意思。以色列政府规定：基布兹是一个供人定居的组织，它是在所有物全体所有制的基础上，将成员组织起来的集体社会，没有私人财产。它的宗旨是在生产、消费和教育等一切领域实行自己动手、平等与合作。——译者注

房，几乎分享所有的东西——钱、衣物甚至孩子。遍及巴勒斯坦的基布兹不停地工作着，要将荒芜的沙漠变成肥沃的农田，这样犹太人们就有一个可以支撑他们生活的地方居住。果尔达热爱工作，也善于改进集体的工作。她很快就被选举为决策者，并协助筹划巴勒斯坦其他犹太居住地的未来。果尔达感到无比幸福。

在1945到1950年，50万犹太难民涌进巴勒斯坦。

不久后，果尔达生下了儿子和女儿。她和丈夫从基布兹的活动中抽离出来，享受着家庭生活的乐趣。尽管果尔达非常爱她的孩子们，但她还是想回归工作。于是，在4年的居家生活之后，果尔达回到了为犹太人建国的事业中去。她富有激情，很快就成为了这个国家的领导者。

在20世纪30年代，果尔达的政治生涯开始起飞，但与此同时，欧洲犹太人的生活却每况愈下，他们受到了比以往更多的迫害。在德国，希特勒和纳粹开始攻击犹太人。7万犹太难民逃亡到巴勒斯坦，这片唯一安全的土地。然而，巴勒斯坦的阿拉伯人却强烈反对增加犹太移民。他们袭击犹太人居住地，并要求英国政府（该地区的殖民力量）禁止难民进入巴勒斯坦。1939年，正当希特勒将欧洲的犹太人赶进他的死亡集中营时，英国政府也拉下移民的闸门，并依法取缔购买阿拉伯土地。犹太复国主义者被激怒了，他们知道如果不来巴勒斯坦，他们在欧洲的亲友会死去。没有选择，他们只能抵抗。

果尔达曾经冒着生命危险和反对派建立和平关系。她乔装成一个阿拉伯妇人，超越敌方区域，去见阿拉伯邻国的一个首领。然而，这次充满了勇气的和平提议并没有成功。

果尔达加入了犹太秘密地下军队哈加纳。哈加纳开始帮助更多的犹太难民偷渡到巴勒斯坦。他们秘密打造船只，去欧洲营救犹太人。在回来时，这些船只不得不偷偷穿过英国的封锁线，然后乘着漆黑的夜把难民运下船。回到岸上，同样在黑夜的掩护下，哈加纳的成员会带着提前修建好的住房去一个新的村庄。等到太阳升起来时，一座住满了获救移民的新城镇拔地而起。果尔达为欧洲犹太人的安危担忧，工作负担越来越重。这影响了她的家庭生活，她和莫里斯的婚姻亮起了红灯。1941 年，他们分手了。

1946 年，第二次世界大战结束后，英国决定让犹太人建立自己的国家，但果尔达和她的政府清楚，英国人一旦撤出，周边的阿拉伯国家就会攻打进来。于是，果尔达回到美国，筹钱买武器，保卫他们未来的国家。在芝加哥的一场筹款演讲中，果尔达骄傲地对面前的犹太人说："你们不能决定我们是否反抗。因为无论你们怎样选择，我们都会这样做……无论我们生存与否，这是你们必须要做的决定。"果尔达的演讲效果显著，她带回了 5000 万美元的军费。这让其他政治家们感到十分惊讶，他们称赞果尔达拯救国家于危难中。

1948 年，联合国通过决议，犹太人的国家以色列诞生了。以色列的领导人非常高兴地签署了独立宣言，并在宣言中概述了新国家的目标。当果尔达签下名字时，她情不自禁地哭了出来。有人问她为什么会哭，果尔达回答："因为当我想到那些本应该见证这一刻的人们已经不在时，我就感到伤透了心。"

在莫斯科，超过 5 万名俄罗斯犹太人迎接果尔达并庆祝以色列的成立。俄罗斯的犹太人一直在反抗政府的压迫，他们的勇气也深深地感染了果尔达。

犹太人和阿拉伯人的冲突也开始了。多亏果尔达筹集到了军费，以色列有能力自卫，国内的民族自豪感也陡然高涨。果尔达将自己的名字梅尔森改回了它的希伯来语梅厄，并开始在新政府里工作。最开始，她担任以色列驻俄罗斯大使，然后又调任劳工部部长、外交部部长。在她担任外交部部长期间，以色列采取实际行动回击埃及的威胁——他们占领了埃及的西奈半岛和加沙地带。果尔达向联合国解释了以色列的军事行动："除了和平，我们什么都不想要。但是我们不能将和平等同于坐以待毙。"1967 年，以色列周边的国家联合起来，计划"将犹太人推进海里"。可犹太人发起了突然袭击，并大获全胜。

在为复国事业工作了 40 年后，果尔达准备退休，然而以色列却还没有准备好让她离开。1969 年，以色列总理去世，果尔达被请求代理总理一职。果尔达以 71 岁高龄成为这个犹太国度的领导人，完成了她少女时代的梦想。在执政期间，果尔达呕心沥血建设祖国，让它不受外敌侵犯。即便在她辞去职务后，她依然为中东地区的和平而工作。1977 年，她还会见了埃及总统安瓦尔·萨达特。

1978 年，在和癌症进行了 15 年斗争后，果尔达咽下最后一口气。对以色列人民来说，果尔达将永远会是他们国家诞生的标记，她陪伴这个国家渡过了它最艰难也最振奋的时期。而我们也会瞻仰她从一个为贫困学生筹集善款的女孩成长为以色列总理的人生历程。

你将如何撼动世界?

如果让我来震惊世界，我想要阻止恐怖分子，让他们回归理智。然后，他们就可以知道他们的袭击是不合理的，他们不应该传播仇恨和暴力，这样他们就会销毁所有的武器，然后在利比亚、伊拉克或阿富汗这些中东国家播撒爱与和平。

——莎拉·比格里，14岁

Queen Sālote Tupou III

女王萨洛特·图普三世

1900 ~ 1965 ✲ 汤加

在她的智慧和能力之上的，永远是她对人民深切的爱。而人民也回敬了他们由衷的爱戴。在她去世后的许多年，汤加人民仍然称呼她为“我们深爱的女王”。

——A. H. 伍德博士

全世界的皇室家族都来参加女王伊莉莎白二世的加冕典礼，但萨洛特·图普三世女王和其他人非常不一样。这个强壮而热情的领袖穿着欧式服装，配以汤加传统的“拉伐拉伐”（ta' ovala）——一种典礼时穿的腰席。在加冕典礼这天，伦敦下起了倾盆大雨，但萨洛特女王却坚持敞开马车的顶罩。她向街边的人群挥手致意，人群向她回以热烈的欢呼声。

在游行结束，萨洛特女王全身都淋透了。吃惊的王室问她为什么不把马车的顶罩放下来挡雨的时候，她微微一笑，解释道，她觉得这样对那些站在雨里观看游行的英国人民来说公平。她还说这也是遵循一种古老的汤加传统，当一个级别更高的人在场的时候（在这里是英国女王），级别较低的一方不能把自己遮起来。在萨洛特女王统治汤加期间，她对传统的保护和对人民的爱让她获得了广泛的赞誉。

萨洛特女王的身高超过六英尺。

1900 年 3 月 13 日，萨洛特·玛菲里奥·皮洛莱乌出生于太平洋西南方岛国汤加的王室。9 岁时她前往新西兰留学，17 岁回到汤加结婚。

第二年，萨洛特的父亲去世了，18 岁的她因而成为了汤加女王。1918 年

10月11日，她正式加冕为萨洛特·图普三世。在加冕典礼上，萨洛特穿着一条祖上传下来的“拉伐拉伐”，这条有六百年历史的“拉伐拉伐”是远古之神的象征。

那时，英国是汤加的保护国，汤加受英国的保护和影响。在萨洛特女王统治期间，英国对汤加的影响衰弱了，但汤加和英国之间的纽带仍然很强。萨洛特女王经常受到英国政府的表彰，而汤加也在第二次世界大战期间派兵援助英国。

萨洛特女王深受人们的爱戴是因为她不遗余力地让这个国家变得更好。她推广农业、推行医疗制度改革，为所有汤加人民创造更好的生活条件。她尤其热衷于改善妇女福利，让更多的女孩受到教育。萨洛特女王在泛太平洋和东南亚妇女协会中扮演着非常活跃的角色。

女王热爱国家的古老传统，号召保护汤加文化。她成立了一个文化组织并亲任主席，该组织鼓励制造并售卖传统的汤加手工艺品。1954年，女王成立了汤加传统委员会。

萨洛特女王坚信，她必须要和人民紧紧联系在一起。她向需要的人派送礼物，而她的宫殿也向任何人敞开。女王通过诗歌和歌曲来纪念汤加文化。她的诗歌涉及历史、传统、自然和汤加人民每天的生活，而这些诗歌又配上了她作的曲子。

萨洛特女王的朋友A. H. 伍德博士这样写道：

> 1万名儿童排成了一条3000米长的队伍，他们正等着进入宫殿前面的草地，向坐在走廊里的女王挥手致意。然而，女王的身体状况并不好，但是她……毫不掩饰自己的喜悦，愉快地接受了他们的欢迎。这是汤加人民最后一次在公开活动中见到他们的女王。

1965年12月16日对汤加人民而言是一个悲痛的日子。在那天清晨，他们深爱的女王与世长辞了。在位47年的萨洛特女王成为了汤加历史上统治时间最长的君主，人们会永远记住这位智慧、优雅而且关心人民的好女王。

行动大明星

罗西科雷亚·达席尔瓦在巴西的亚马孙河流域长大，在这里她亲眼目睹了砍伐森林对环境的破坏。她在小学时就发起了“21世纪议程”项目，协助本地、国家和全球层面的环境保护。从那以后，她还参与了“联合国千年发展目标”第七项，努力在2015年前确保可持续性发展。她还代表巴西参加了青少年八国峰会，并被联合国儿童基金会的广播专题报道。而她还只是一个十来岁的小姑娘。

Frida Kahlo

弗里达·卡罗

1907～1954 ❂ 画家 ❂ 墨西哥

我唯一知道的一件事情是画画，因为我需要画画。

——弗里达·卡罗

弗里达躺在红十字会医院的一张病床上。她身体的痛苦正在加剧——脊椎三处骨折，骨盆、右脚和脚都被震碎了。这个18岁的女孩能够活下来真的是一个奇迹！一辆小汽车撞进了她乘坐的公交车，她在这起事故中严重受伤，医生预计她会丧命，但她却活了下来。只是白天和晚上，她都被无法忍受的疼痛折磨着。在医院康复期间，弗里达觉得自己要疯了——她几乎无法入睡，但醒着又让她更难受。随着时间的流逝，她所能感受到的只有疼痛。

在绝望中度过了几个月，一个护士带了一些画具给她。当弗里达全神贯注地在画布上作画时，她不再关注身体的痛苦了。她的画笔成为了痛苦的出口。还只是一个十几岁的女孩，弗里达就找到了她此生的事业，一个将为她带来国际声誉的事业。

1907年7月6日，弗里达·卡罗出生在墨西哥城附近。她的父亲是一个德裔犹太摄影师，母亲则是墨西哥土著，拥有西班牙血统。弗里达15岁时被墨西哥著名的国家预科学校录取，2000名学生中只有35个女孩，而弗里达就是其中之一。弗里达是一个聪明的姑娘，她学习文学和艺术，希望有一天成为一名医生。

她的生命在18岁这一年被永远改变了。在一场严重的交通事故中，她受了重伤。一夜之间，她从一个年轻、健康、不需要人照顾的女孩变成了一个终生需要与疼痛抗争的残障人士。幸运的是，弗里达在绘画中找到了痛苦的宣泄口。

尽管，她没有接受过正规的艺术训练，弗里达的作品却出人意料的成熟。她的绘画作品大多数是自画像，表达了她的个人经历和复杂感情。1929 年，她和墨西哥最有名的画家迭戈·里维埃结婚了。在那场事故发生的许多年前，弗里达就与迭戈相遇了，那时的迭戈还在弗里达的学校里画壁画。他们深深相爱，却也经常争吵。弗里达的画展现了她对迭戈矛盾的感情和不能生育的痛苦。弗里达融合了流行的墨西哥艺术和超现实主义，形成了一种独特的风格。大胆运用鲜明的色彩，强有力且具有象征意义的图案，弗里达将自己的灵魂暴露给世界。

弗里达对周边的世界充满了无尽的好奇心。据说，她喜欢把各种各样的东西塞进书包里，包括画的画、蝴蝶、干花和在爸爸书橱里拿的插画书。

20 世纪 40 年代，弗里达开始在国际上展示她的作品。她原始而大胆的风格与众不同，让所有看过的人大吃一惊。尽管如此，她的作品还是获得了评论家的啧啧称赞。1953 年，她在墨西哥举办了第一场重要的个人展览，并取得了成功。虽然在第一场个展时她已经病得很厉害，但她仍然坚持参加了开幕式。

弗里达糟糕的健康状况让她被迫卧床很长时间，她就只好养一些猴子、狗、鹦鹉甚至青蛙做伴。

几个月后，弗里达的健康问题变得更加严重，她的一条腿不得不接受截肢。但弗里达并没有对她的残缺感到窘迫，更不想掩饰自己的残障，相反，她以最好的状态面对这一切。她给假肢套上了一只红色天鹅绒的靴子，还在靴子上绑着小铃铛，十分可爱。

1954 年，弗里达终因健康问题离世。在她死后，她的家被改造成为弗里达·卡罗博物馆。博物馆不仅展览弗里达的画，而且还有她收藏的墨西哥民俗艺术品。1985 年，墨西哥政府宣布弗里达的画作成为国家的财富。她的艺术所展现出来的美丽和鲜活的视觉冲击力让她跻身墨西哥历史上最伟大的画家行列。

诗人和艺术评论家安德烈·布雷顿表示，弗里达作品的艺术之美往往掩盖了它的内在力量："弗里达·卡罗的艺术是环绕着炸弹的彩带。"弗里达的丈夫迭戈·里维埃则指出："弗里达是艺术史上一个独特的例子，她剖开胸脯，露出心脏，只是为了告诉你真实的内心感受。"

你将如何撼动世界？

我要成为一个著名的画家来震惊世界。我要用一些让人赏心悦目的颜色绘图，然后去装饰医院、学校和养老院的墙壁。这样我的画可以安慰别人，帮他们减少痛苦，还有利于治愈疾病。世界会为我的艺术微笑。

——阿尔塔·布罗查·米斯沃勤温，14 岁

Mother Teresa

特蕾莎修女

1910～1997 ❂ 布道者 ❂ 马其顿和印度

穷人并不需要我们的同情和怜悯，他们需要我们的帮助。他们给予我们的比我们给他们的更多。

——特蕾莎修女

年轻的艾格尼丝跪在十字架前面。教堂里空荡荡的，只有她一个人。当她抬起头凝视着耶稣像时，她感受到了内心的平静。她经常在思考问题，思考耶稣基督是怎样将自己奉献给穷人，并爱护其他人认为不值得得到爱的人——妓女、残障人士和弃儿。可是，因为他向世间传递平等和宽恕的信息，所以他被杀害了。艾格尼丝跪在耶稣面前，她感受到了一种强烈的信念，一种将会伴随她终生的信念。她也会扶助穷人，给予弃儿们无私的爱。从那一天起，12 岁的艾格尼丝知道自己会成为一名修女。这个女孩希望帮助不幸者的简单愿望，最后变成了一场全球性的反贫困斗争。

1910 年 8 月 26 日，艾格尼丝·刚察·博加丘出生在一个马其顿家庭，她是家中三个孩子中年龄最小的。她很小时父亲就去世了，于是母亲开始帮人做裙子，维系家用。艾格尼丝的母亲也做一些慈善工作，她经常带着女儿一起去探望老人、病人和穷人。艾格尼丝是一个安静、有想法的孩子，她喜欢帮助需要帮助的人。她也是一个虔诚的天主教徒，常常独自一人去天主教教堂祷告。

小艾格尼丝嗓音优美，她经常在教堂唱诗班里唱歌。

在特蕾莎修女的“新学校”开学的第一天，只有5个学生来上学。特蕾莎修女用一根小棍棒在灰尘上写字，以此方式来教书。

12岁的艾格尼丝接受了生命的召唤。她加入了洛雷托修女院，在18岁那年去印度大吉岭传教。在她成为修女的第一次宣誓后，她选择了特蕾莎姊妹[①]（也就是传教士的守护圣徒）为自己的新名字，然后被派到印度加尔各答，在修道院的圣玛丽学校任教职。特蕾莎姊妹的人道主义工作开始了。

特蕾莎姊妹在圣玛丽学校工作了20年，并最终成为了学校的校长。但是，她对修道院外人们恶劣的生存状况感到越来越不安。加尔各答的大街上挤满了无家可归的孩子、乞丐和麻风病人，他们生着病、挨着饿，奄奄一息。这些就是布道中讲过的耶稣爱过的人啊！

1946年9月10日，特蕾莎姊妹乘火车去大吉岭，她强烈感受到了上帝的另一个召唤。这个“召唤中的召唤”告诉她，她应该离开修道院和学校，去和穷苦的人们住在一起，去帮助他们。特蕾莎姊妹不能违背上帝的召唤，她离开了修道院，走向加尔各答的大街上。

特蕾莎姊妹对孩子们有一种特别的关爱。于是，她一开始就致力于帮助贫民窟的年轻人。她为他们开设了一所非正规的学校，除了教他们一些基础的语言和数学技巧，特蕾莎姊妹还教会他们如何保持个人卫生，以避免染上一些疾病。

1950年，特蕾莎姊妹和其他修女们一起成立了仁爱传教修女会（又称博济会）。作为修女会的领导者，她被称为特蕾莎嬷嬷。这里的工作十分艰辛，但来自世界各地的修女们纷纷到这里服务。传教修女会的修女们每天早上4:30起床，参加服侍仪式、吃早餐。然后，她们就去城市中的贫民窟工作。午餐过后，开始祷告、休息，然后再回去一直工作到晚上。

仁爱传教修女会得以不断发展扩大，主要归功于特蕾莎嬷嬷的领导和热情。1952年，她成立了尼尔玛·刮德垂死之家，在孟加拉语中“尼尔玛·刮德”

① 基督教里称呼教徒为兄弟姊妹。——译者注

是“静心”的意思。垂死的病人们被带到这里居住，这样他们就可以平静而有尊严地死去。之后，特蕾莎嬷嬷开设了她的第一个孤儿院，又为麻风病人和其他残障人士开了诊所。几年之内，她的工作就传播到了全世界。

在特蕾莎嬷嬷的一生中，仁爱传教修女会在五大洲的95个国家开设了机构。

特蕾莎嬷嬷对这项事业的奉献为她赢得了许多奖项和荣誉。她说，她不是代表她自己，而是代表全世界穷苦的人们来接受这些荣誉的。她获得的奖项包括诺贝尔和平奖、印度帕德玛至尊奖、美国总统自由勋章、教皇约翰二十三世和平奖、大不列颠邓普顿宗教进步奖、菲律宾拉蒙·麦格赛赛和平与国际了解奖，还有印度宝石奖。

在特蕾莎嬷嬷生命的最后几年，她被肺部、肾脏和心脏等方面的疾病困扰着，但她仍然坚持传教的工作。1997年，87岁的特蕾莎嬷嬷去世了，但仁爱传教修女会仍会为了她人道主义的愿景而努力工作着。无论是贫穷还是富有，年老还是年少，世界各地的人们都尊重、爱戴特蕾莎修女，为她的离世啜泣。人们会永远记住这个对儿童关爱备至、从孩童时代就开始慈善工作的谦卑女性！

你将如何撼动世界？

我计划去帮助人们，并将不同的文化结合在一起。我在国外生活了10年，这告诉我世界上有许许多多和我们不一样的人，他们需要我们的帮助。我们每一个人都不一样，但归根结底我们是平等的。如果人人都可以意识到这一点，他们就可以相互帮助，维护和平。那我们的世界也将不一样。

——茉莉·玛斯特若瑞丽，13岁

Mary Leakey

玛丽·利基

1913～1996 ◎ 考古学家和人类学家 ◎ 英国和非洲

对我来说，“搜集”或者有些人可能会说是“寻宝”，是一种原始而本能的愉悦。就好像整片区域都埋藏着美丽的宝贝，而我内在的兴趣就可以从土里挖出来。

——玛丽·利基

玛丽蹲在地上，耐心而仔细地搜索着地面，寻找化石。突然，某个东西引起了她的注意。对绝大多数人来说，它看上去就像是一块脏兮兮的石头。但在玛丽训练有素的眼里，它承载着人类的信息。在地面上隆起的是一小块石化的骨头。玛丽小心翼翼地清除了石头表面的尘垢，两颗牙齿和一个下颚露了出来。最终，她挖出 400 多件原始头骨的碎片。当这些碎片被重新拼接到一起，分析结果显示这个头骨属于一个生活在 175 万年前的史前人类。玛丽的发现证明了类人生物的存在时间比科学家以前认为的要早得多。这一革命性的发现只是玛丽考古学研究的许多重要贡献之一。

1913 年 2 月 6 日，玛丽·尼科尔出生在英国伦敦。她的父亲是一个风景画家，对考古学充满了热爱。当玛丽还是一个小女孩时，她随父亲去法国、意大利和瑞士远征，潜移默化中也喜欢上了考古学。在法国，玛丽曾协助考古学家发现并破译石器时代的穴壁画。在这个过程中，她学会了如何使用考古技术。

玛丽没有像其他孩子一样去上学，但她从父亲那里学会了如何阅读和绘画。她 13 岁时，父亲去世了，母亲试图将她送进修道院学校，但玛丽不习惯在一个传统的教育环境下学习。在她被两所学校开除后，母亲终于放弃了这个尝试。

与此同时，玛丽以自己的方式学习，她参观博物馆，去大学里旁听课程。在她 17 岁时，玛丽在英格兰南部的一个考古遗址上做助手。考古学家多萝西·利德尔主持了这次挖掘工作。多萝西向玛丽证明了女性可以在考古学这个传统上以男性为主导的领域取得成功。受到了鼓励的玛丽开始在考古现场画工具的素描图片。

玛丽最喜欢的活动之一就是观看塞伦盖蒂国家公园的角马迁徙。即便她不再在那里工作了，她每年都会回去一次看角马迁徙。

有一天，另一个考古学家格特鲁德·卡顿·汤普森看到了玛丽的图纸。这给她留下了非常深刻的印象，她让玛丽画一些在埃及出土的古老工具。格特鲁德将在非洲工作的人类学家路易斯·利基介绍给玛丽。路易斯自己在写一本书，他请玛丽为这本书画一些插图。玛丽加入了他在非洲的工作，开始画插图，并参与一些现场的挖掘工作。他们并肩工作着，分享对考古的激情。没过多久，玛丽和路易斯坠入了爱河。1936 年，他们结婚了。

在接下来的几年间，玛丽和路易斯在非洲工作。玛丽发现了一个古墓、一些远古工具和陶器。在 1948 年，她的第一个著名发现诞生了——她挖出来一个约 1800 万年前的史前人类的头骨。

1959 年，玛丽挖出了她职业生涯中最伟大的发现：一个 175 万年前类人生物的头骨。在这之前，科学家们普遍认为类人生物只存在了几十万年。玛丽的发现证明了他们是错的。

后来玛丽又发现了一系列 370 万年前的类人生物足印。这证明了早期人类祖先直立行走的时间比科学家认为的要早得多。

玛丽不喜欢理论，她对自己所发现的化石是如何与人类进化论时间表相匹配并不感兴趣。她说："我想做的就是把它们挖出来，然后尽最大的努力理解它们。"

玛丽一直生活在非洲，直到 1996 年去世。她的突破性工作为那些希望长大后成为考古学家、科学家和冒险家的女孩们敞开了大门。玛丽的考古勘探和专业知识永远改变了人类发展史的理论。她说：“我一生只是做了我想做并感觉有意思的工作。我碰巧是一个女人，但我不相信这会让我的工作有很大的不同。”

行动大明星

年轻的历史学家和政治活动家里菲薇·图美恩认为，认识社会中的“无名英雄”十分重要。她对南非掘坟者的描述让她成为了2008年阿尔伯特·卢图利青年史学家口述历史比赛的获奖者之一。她还代表南非参加了2009年青少年八国峰会。在这次大会上，来自世界各地的青年使者们就全球性问题向八国领导人提出了建议。

Jackie Mitchell

洁姬·米切尔

约 1914～1987 ❁ 运动员 ❁ 美国

我有一个下坠球要投，当我把它扔出去时，你不可能接到它。

——洁姬·米切尔

洁姬的钉鞋在投手区的土墩上磨来磨去，瞥着站在本垒区旁边的击球手。贝比·鲁斯的帽子正斜对着她。

我可以做到吗？洁姬在想。我可以让这个“本垒打之王”三振出局[①]吗？这个连击巨人[②]？这个大联盟全垒打排名第一的击球手？

一个是棒球联盟里的头号大英雄，另一个是名不见经传的 17 岁菜鸟，而且还是一个女孩。看台上的人们在哈哈大笑，好像这场实力悬殊的对决是他们所见过的最好笑的事情。洁姬听到了阵阵嘲笑声，但她并没有让这些干扰自己。洁姬的手指不停地摩擦着手中的球，她在想着这些年来自己所受到的训练——她从记事起就开始练习打球了；她在想着这些年被她的左手三振过的击球手，而他们大多数是男性。

贝比露出了得意的笑容，好像在说：“放马过来啊，小不点，看我怎么收拾你。”

① 三振出局是棒球术语，是指两击之后的情况。投球手投出第三个球，有以下三种情况：1. 投球手投出第三个球为好球，击球员没有挥棒，球在落地之前直接被捕手接到；2. 投球手投出第三个球，击球员挥棒落空，球在落地之前直接被捕手接到；3. 投球手投出第三个球，击球员挥棒成擦棒球，球在落地之前直接被捕手接到。以上三种情况击球员即被判三振出局，或者说三击不中。——译者注

② 《连击巨人》是贝比·鲁斯的自传。——译者注

我要你看看我怎么收拾你，洁姬暗自思忖着，将手臂向后，然后挥臂准备投球。球向前冲了出去。贝比挥动球棒去击打它，然而，他击空了，球落入了本垒好球区。一个伸卡球①。

“得一分!”

贝比竟然没击中这个球。他惊讶地瞪大了眼睛。洁姬几乎可以听见观众的质疑声——一记好球？一个女孩投出来的？贝比紧紧握住球棒，笑容从他的脸上消失了。

接下来，洁姬又投了两记坏球，观众们再次发出了嘲笑声：看来第一次的好球只是侥幸。贝比也随着观众们一起得意地笑了。洁姬没有被惹恼，投出了第四记球，又一个伸卡球。贝比挥臂击球……

“得二分!”

现在贝比要疯了。他全神贯注地盯着洁姬。洁姬想他一定猜测这次又会是一记伸卡球，于是，她直接将球投入本垒区。贝比没有击球，他相信这会是一记坏球。

“得三分!”

在比赛开始前，贝比·鲁斯对记者们说：“不知道他们让女人来打棒球会发生什么。当然，她们肯定永远都打不好。为什么？她们太脆弱了，让她们每天打球就等于杀了她们。”

人群沸腾了。4000名观众鼓掌欢呼，他们高喊着：“洁姬！洁姬!”她成功了！洁姬·米切尔让棒球届的超级巨星三振出局了！贝比怒气冲冲地踢着地上的土，朝裁判员吼了几句，然后厌恶地扔掉了球棒，跺着脚回到了球员休息室里。洁姬只是微笑，在阳光下享受着属于她的时刻。

维尼·阿比特丽斯·洁姬·米切尔似乎天生就有些不走运。她在1914年前后出生，生下来时只有3.5磅重。但体型和性别没有让她退缩。小洁姬刚刚

① 伸卡球（英语：sinker，又称沉球），是棒球比赛中投手的球路之一。——译者注

能走路，爸爸就带着她去棒球场，教她打棒球。还只是一个蹒跚学步的孩子，小洁姬的棒球就已经打得非常好了。

那时的媒体宣称洁姬是第一个在小职业球队联盟打球的女性，这其实并不准确。1898年，丽齐·阿灵顿为一支宾州雷丁的小联盟球队打过一场比赛。

米切尔一家住在小联盟棒球手达兹·万斯家隔壁（达兹·万斯后来进入布鲁克林道奇队投手名人堂）。达兹发现了小洁姬对这项运动的热情和她在运动场上的天分，他对教小洁姬打球很有兴趣。他把自己最喜欢的投球路数教给洁姬——伸卡球，就是一种可以刚刚落在本垒区前面的曲线球。这是一种很难被击中但对投手来说也很难投出去的投法。然而，洁姬却很快掌握了这个技巧。她7岁时已经成为家乡孟菲斯沙地场上的明星。

洁姬出生时女性打棒球的历史已经有几十年了。然而，她们未曾在男子球队打过球。布鲁默女孩，一支全部由女性组成的球队，在美国各地与当地的半职业和小联盟男子球队进行表演赛。这些女球手们打得非常漂亮，常常可以击败男子球队，但现实是无论是小联盟还是大联盟的球队中都没有女球手。洁姬想改变这个现实。

洁姬16岁时在田纳西查特诺加的一支女子球队打球。一年后，她受到邀请去亚特兰大，参加一个由前大联盟投手基德·埃尔伯费尔德主办的棒球精英训练营。洁姬是训练营唯一的女孩。和达兹一样，基德也发现了洁姬身上的潜力，并帮助她练习。不久后，基德断定洁姬可以成为一个投手。前任职业投手乔·恩格尔听说了这个女孩的事迹，就决定亲自来看一看。结果令他十分满意，他决定让她在他所拥有的小联盟球队查特诺加瞭望台队打球。洁姬既震惊又兴奋，在她签下合约的那一刻起，她成为了历史上第二位加入小联盟球队的女性。

在那场对洋基队的著名一战后，洁姬收到了无数封粉丝的来信。其中一些信封上写着“寄给让贝比·鲁斯三振出局的女孩”。

就在签约后的几天，洁姬的新东家准备和大联盟球队纽约洋基队举行一场表演赛。表演赛通常是大联盟球队在休赛期保持球员状态的方式，小城镇上的人也因此有机会一睹他们偶像的风采。没有人对瞭望台队抱有太大期望。

球队经理没有选择洁姬作为他们的首发投手出场。但首发投手在错失了一个双杀机会后又错失了一个单杀，让洋基队在比分上以 1∶0 领先，坐在球员休息室的洁姬看不下去了。第三个出场的击球手是贝比·鲁斯——20 世纪 20～30 年代棒球场上无可争议的超级巨星。贝比·鲁斯保持着击球和本垒打的记录。

经理挥手示意，让洁姬上场。现在轮到她投球了。让所有人惊讶的是，洁姬在五次投球后让这位连击巨人三振出局了。许多球迷认为这是一次炒作，但果真如此，贝比也真的是一位影帝级的演员，他不仅破口大骂裁判，在离场前还痉挛了一阵子。

在贝比之后，接下来的是号称“铁马”的路·葛雷克，大联盟第二强的击球手。她还可以获胜吗？观众们拭目以待。洁姬投球三次，路·葛雷克挥臂三次，而且三次都失败了。她又获胜了：洁姬让棒球场上的最强二人组三振出局了。看台上的 4000 名观众全体起立，给了洁姬最热烈的掌声。

在被瞭望台队裁掉后，洁姬跟随“大卫之家”进行巡回表演。“大卫之家”以他们的长发和长胡须著称。洁姬有时候也会在比赛中戴上假胡子。

在这次惊艳的首秀后，洁姬预期自己的棒球职业生涯会很长。但事实并非如此。这场对洋基队的比赛吸引了世界各地的关注。几十家报纸和杂志刊登了洁姬的照片，还有一个洁姬的三振新闻短片在全国各地的剧院上演。就在比赛之后的几天，棒球检委会的专员取消了洁姬和瞭望台队的合同。他宣称女性不适合打棒球，因为这项运动对她们来说“太过于剧烈”了。真实原因可能是他不希望更多的女球手让这些男性巨星们颜面扫地。

在她辉煌的棒球生涯后，洁姬终于有了属于自己的棒球名牌。

在合约落空后，洁姬还是在小联盟做了几年投手，为一些不知名的小球队效力，尽力让自己的名字远离新闻头条。但是，她仍然想念和最好的球手们一起打球的时光，她知道她想打棒球世界联赛的梦想永远不可能实现了。1937年，年仅23岁的洁姬宣布退出棒球界。1952年，棒球大联盟正式禁止女性打棒球。直到2012年，联盟里仍然没有女球手。

1982年，在那场历史性的比赛后50年，查特诺加瞭望台队邀请洁姬为开幕赛开球。5年后，她去世了。如果不是职业棒球的性别歧视，洁姬可以取得什么成就？她可以参加世界棒球联赛吗？她的名字会和贝比·鲁斯一样得到认可吗？我们永远都不知道。但我们知道的是，洁姬的故事鼓舞了一代又一代的女运动员们。现在，还有女孩在小小联盟里和男运动员对抗着，她们梦想有一天可以像“让贝比·鲁斯三振出局的女孩”一样投球。

你将如何撼动世界？

我要开一座女子运动博物馆来震惊世界。许多人认为女孩不能够从事一些运动。但是，我认为女孩可以做任何她们想做的事情。这个博物馆就是来激励她们做任何想做的事情。

——萨曼莎·丹尼尔斯，13岁

Babe Didrikson Zaharias

贝贝·迪得瑞金森·萨哈蕾亚斯

1911～1956 运动员 美国

你现在看到的是，世界体育界迄今所知道的最完美的肌肉和谐度和身心协调性。

——格兰特兰德·莱斯，体育记者

这是贝贝为半职业篮球队金旋风队打的第一场比赛。她们对抗的是全国冠军队太阳油队。贝贝的队友们十分紧张，但贝贝很放松。她一次又一次满场奔跑、传球、得分。最后，金旋风队赢得了比赛，而贝贝的个人得分竟然比太阳油全队加起来的分数都要高。其他女孩们被这个超级运动健将惊呆了，但她们还不知道贝贝将会成为历史上最伟大的运动员之一。她几乎擅长她尝试过的每一项运动，比如高尔夫球、田径、棒球、射箭、射击、游泳、骑马、台球等。她的人生成为后来的女性运动员们励志的榜样。

在贝贝居住的社区，有很多排树篱。贝贝喜欢在跑步的时候从树篱上跨过去。后来，她获得了一枚奥运会障碍赛的金牌。

1911 年 6 月 26 日，米尔德里德·艾拉·迪得瑞金森，也就是贝贝，出生在得克萨斯州的亚瑟港。她的家庭十分贫困，她和家里的六个兄弟姐妹不得不外出工作，补贴家用。贝贝靠捡无花果、缝马铃薯袋赚一些钱。运动是她的娱乐方式。小时候，她就觉得自己将会是一个伟大的运动员。

在很小时，贝贝就展现了过人的运动天分。她是一个强悍的本垒打击球手，孩子们给她起了一个外号叫“贝比”，这是著名的“连击重炮”击球手贝比·鲁斯的名字。贝贝的名字也就由此而来。贝贝的爸爸在后院建了一个健身房，在她所有的兄弟姐妹中，贝贝是使用健身房最勤的人。她做引体向上和举重练习。她还喜欢和邻居家的孩子们一起打棒球和篮球。

贝贝上高中时尝试每一项对女孩开放的运动。她加入了篮球队，很快就成为了明星。她的运动天分吸引了梅尔文·麦库姆斯的注意。梅尔文是由一支公司赞助的女子篮球队的经理人，他邀请贝贝为自己的球队——金旋风队——打球。不负众望，贝贝带领金旋风队赢得了全国冠军。1930年，她入选业余运动员明星队“全美国前进”队。

贝贝尝试的第二个领域是田径。1932年，她参加了业余体育联盟女子全国冠军赛。在8项赛事中，贝贝赢得了5项冠军，一项并列第一，另一项获得了第二名。她一个人就集够了积分，获得了团体冠军!

在这次全国田径冠军赛上的惊人表现使她有机会参加1932年的洛杉矶奥运会。在参赛之前，贝贝雄心勃勃地告诉记者，她计划击败她看见的每一个人。她真的做到了！她赢得了标枪金牌，并打破了世界纪录。她还获得了一枚障碍赛的金牌和跳高的银牌。

在洛杉矶，贝贝尝试打高尔夫球。她的运动能力再次展露无遗。几年后，贝贝决定将高尔夫球作为自己的事业。她开始勤奋地练习，有时甚至一天练习15 ~ 16个小时。汗水换来了回报。1935年，贝贝在得克萨斯州女子高尔夫邀请赛上夺冠。她回忆道：

> 每个周末，我都会花12～16个小时在高尔夫上……我一遍又一遍地钻研不同的挥杆方式。我不停地击球，直到我的手酸了，甚至出血了……时间晚了，我不能再练习的时候，我就回家吃晚饭，然后躺在床上看高尔夫规则的书。

1938年，贝贝在一个高尔夫球比赛上遇见了摔跤手乔治·萨哈蕾亚斯。不到一年时间两个人就结婚了。贝贝继续她的高尔夫生涯，连续赢得了令人难以置信的17场比赛！她成为了第一个赢得英国女子业余锦标赛的美国人。然而，贝贝对女子高尔夫最大的影响尚未到来。1949年，她参与创建了女子职业高尔夫协会(简写为 LGPA)。该组织主办的职业女子高尔夫锦标赛吸引了越来越多的女性对这项运动的关注。今天，LGPA 赛事为职业的女高尔夫球手提供了数百万美元的奖金。

贝贝在她的自传中写道：

在我的孩提时期，我就知道了以后要做什么。我的目标是成为世上最伟大的运动员。我觉得我生下来就有踏足体育界的冲动，我也有能力去做好……现在，没有人比我更渴望去赢。我要战胜我自己去达到这个目标。但是，我绝对不会动粗或使阴招。对我来说，体育精神和取得胜利一样重要……你必须以正确的方式比赛。如果通过卑鄙的手段取得胜利，在我看来那不是真正的胜利。

奥运会后，贝贝回到家乡得克萨斯州。家乡人为了迎接她，举行了一场游行。贝贝坐在消防队队长的车里，走在游行队伍前面，队形好似一把钥匙。这寓意着贝贝是城市的钥匙。

1953 年，贝贝患了癌症。她以不同寻常的毅力与癌症作斗争。手术后，贝贝慢慢恢复了健康，1954 年，她奇迹般地获得了美国女子高尔夫公开赛冠军。贝贝也以一个冠军的姿态坚持了两年多。1956 年，癌症复发，这个世界上最伟大的女运动员英年早逝。

在贝贝的一生中，她获得了诸多显赫的奖项和荣誉。她是唯一六次获得美联社“年度最佳女运动员”称号的女性。在 1950 年，她被选为半个世纪以来的最佳女运动员。1951 年，她入选世界高尔夫名人堂。体育历史学家认为贝贝是美国体育史上第二优秀和有影响力的运动员，排名仅次于贝比·鲁斯。贝贝·迪得瑞金森的精神影响着当代的女运动员们。她的天赋和决心鼓舞着女性在体育界努力拼搏，取得成功。

你将如何撼动世界？

我想让马术成为一个像滑冰和体操那样广为人知的奥运项目。马术没有得到它应该得到的关注，我会一直努力，将马术传播给世界。

——布利安娜·约克，13岁

Indira Gandhi

英迪拉·甘地

——印度女总理

1917～1984

我不明白怎么会有印度人不为自己感到骄傲——这里有丰富的文化传统及历史传承，有敢于面对灾难的伟大精神。他们信念坚定，在贫穷和困难面前也可以拥有自然的喜悦。

——英迪拉·甘地

12 岁的英迪拉神色紧张地坐在车后面，焦虑地翻着课本。她刚从一个印度国家议会党的秘密集会离开，会上，一些党内的高层领导正在计划着反抗英国的下一步战略。那时，印度还是英国的殖民地，印度人民正在为争取独立而奋斗着。

英迪拉的车靠近高高的铁门，一个警察命令她的司机停车。英迪拉的心“怦怦”直跳。如果警察搜她的车，她一定会被抓住，然后和其他起义军的领导人一起被送进监狱。这个勇敢的女孩镇定下来，她装出很不耐烦的样子，要求快点让她通过——她上学快迟到了，没有多余的时间再耽搁。警察相信了英迪拉的话，让她通过了。他们不知道，车的后备箱中藏着的是独立运动的秘密文件。

在英迪拉最早的记忆里，她的家庭在一场非暴力抵制欧洲货的运动中，焚烧了衣服和其他不是在印度生产的东西。小英迪拉也将欧洲制造的洋娃娃扔进了火里。

当她的车开出了大门，英迪拉回头，从后车窗看到警察们已经包围了那幢房子。屋里，领袖们正紧张地望着英迪拉的车离开。由于担心他们的总部遭到搜查，印度的领导者们已经把他们所有最重要的文件放在后备箱中。多亏了英迪拉，文件被安全送走了，英国人没能得手。这次英勇的表现只是英迪拉为国效力的开始：这个 12 岁的女孩将会成为一个民主国家的第一位女性领导者，也是全世界最有权势和影响力的政治家之一。

1917 年 11 月 19 日英迪拉·普里雅达希尼·尼赫鲁出生在印度北方邦安拉阿巴德。她的国家已经被英国统治超过 160 年。英国侵略者们控制了印度的一切，印度公民在自己的国家却没有一丝权力。任何一个公开支持印度独立的人都会被抓进监狱。

作为印度独立斗争领袖贾瓦哈拉尔·尼赫鲁和卡马拉·尼赫鲁唯一的孩子，英迪拉的童年很少见到她的父母。由于支持独立，她的父母常常遭受牢狱之灾，但他们的工作鼓舞了英迪拉。英迪拉小时候就对印度倾注了所有的激情，尽一切努力帮助革命党——国家议会党，简称国大党。

英迪拉 12 岁时召集了 1000 多名印度儿童，组成了"猴子队"。他们帮助国大党处理一些日常事务，如写信封和公告、烹调食品等。更重要的是，英迪拉的小分队可以从英国警察那里搜集一些情报。他们假装在警察身边玩耍，然后趁机偷听他们的谈话，看是否有最新的逮捕行动的情报。然后，他们将获得的情报汇报给国大党。这给了那些要被逮捕的社会活动家们躲藏的时间，"猴子队"的预告常常可以让他们成功脱险。警察们从来没有怀疑过，这些看上去无辜的孩子们实际上是间谍！

1937 年英迪拉前往英国牛津大学接受教育。在英国留学期间，她和儿时的朋友费罗兹·甘地订婚了。两人于 1942 年结婚，然后一起回到印度。

英迪拉回到印度后发现她的国家正处于血腥的战斗之中。她立刻回到国大党工作。不久后，英国得知了英迪拉的反叛活动，就让她蹲了八个月的监狱！但英迪拉并没有失去希望，她和其他活动家的工作取得了重大进展。1947 年，英国放弃了抵抗。印度被殖民 200 年后终于赢得了独立！

英迪拉的父亲是国大党最德高望重的领导人，他也在战争后顺理成章地成为了印度的第一位总理。因为英迪拉的母亲在 1936 年就去世了，她就代行"第一夫人"的职责，成为了父亲的幕僚和外交使者。她在许多政治团体中都很活跃。1959 年，英迪拉被选为国大党主席。这是她的父亲和祖父都曾就任过的职位。

第二次世界大战期间，英迪拉在英国。英迪拉曾驾驶着救护车去帮助英国人抗战。但当时在印度，英国人又把她的父亲投进监狱。

1964年英迪拉的父亲去世，拉尔·夏斯特里接替他成为总理。他任命英迪拉为新闻和广播部部长。在印度电台和电视台肩负的重大责任是将新闻和信息传达给所有的人，而不只是富人和受过高等教育的人。英迪拉在任期间，成绩斐然，她让印度的广播和电视节目翻了一番，还生产了价格低廉的收音机。她是将电视广播开放给大众的第一人，甚至政府的批评者都可以自由发出自己的声音。印度正在成为一个真正的民主国家。

英迪拉的偶像是圣女贞德，她曾为国家独立和侵略者作斗争。

两年后，夏斯特里去世，英迪拉当选为印度总理。她是有史以来第一位执掌一个民主国家的女性，而且还是一个世界上人口众多、最多元化的民主国家！这个国家被许多社会问题困扰着。很多人不相信英迪拉有能力担负起总理的责任，甚至一些国大党成员最初以为她会很容易被操纵。但是后来，英迪拉证明了她是一个有能力的领导者。

英迪拉在任期间提升了印度的国际影响力，让美国和苏联无法操纵她的国家。她还领导印度人民打赢了一场同巴基斯坦的血战，将这个国家的第一颗卫星送上了太空。在内政方面，她打出了“消除贫困”（Garibi Hatao）的口号，限制人口增长，提高穷人的生活质量。1971年，尽管反对的声音高涨，英迪拉还是重新当选为总理。

英迪拉第二次担任总理期间，对她政策的批判甚嚣尘上。她创造了自愿绝育机制以控制人口增长、减少贫困——任何不想要孩子的人可以通过医学做到这一点，但她的反对者称这些人是被迫接受绝育的。1975年，反对她的骚乱和抗议愈演愈烈，英迪拉不得不宣布全国进入紧急状态。英迪拉监禁了反对者，并审查新闻出版。然而，这些短期的专制并不奏效，1977年，英迪拉被赶出了总理办公室。在接下来的两年里，英迪拉努力重新获得支持，并在

1979 年以压倒性的胜利再次当选总理。

英迪拉可以继续她的工作，但是，她仍然面临着国内很强的反对声音。1984 年，英迪拉下令攻打一个被锡克教分裂分子占领的金庙。几个月后，英迪拉被她的两个锡克教警卫刺杀，许多人认为这是一次报复行为。

英迪拉的遗嘱在暗杀后被发现。她说：

> 如果，像你们所害怕的那样，我死于一场精心谋划的暴力行为，我知道这样的暴力只存在于暗杀者的思想和行径中，而非存在于我的死亡本身——因为再深的仇恨也无法让我对祖国和人民的爱黯然失色。

尽管关于她的政绩充满了争议，但英迪拉在挑战和冲突中领导印度从殖民统治走向民主。英迪拉通过努力向所有人表明了自己对祖国和人民深深的爱以及促进印度发展的决心。英迪拉在历史上留下了英名——一个强硬而自信并立志推动这个人口众多、文化多元、经济薄弱的国家走向民主的女领袖。

行动大明星

尼哈·古普塔 9 岁时创立了非营利机构“孤儿赋能”。“孤儿赋能”的目标是通过向孤儿、弃儿和其他弱势儿童提供受教育机会，帮助他们获得生活技能，可以自立自强。“孤儿力量”已经筹集了超过 25 万美元，影响了超过 1.5 万名儿童的生活。尼哈还为他们开设了多样化的图书馆、电脑室、缝纫中心和实验室。她获奖无数，包括儿童之友奖、可儿护理奖学金，还有大名鼎鼎的世界儿童奖。尼哈还被选为费城 76 人的主场英雄。

Eva "Evita" Perón

艾薇塔：伊娃·贝隆夫人

1919～1952 ☼ 演员和政治家 ☼ 阿根廷

我或许应该这么说，现在世界上所有的一切都是被男性制定的规则引导，因没有女性参与而涌现出种种问题。

——艾薇塔·贝隆庆祝阿根廷女性赢得投票权

当伊娃和她的兄弟姐妹排成一列从棺材旁边走过时，她可以感觉到后面的人用愤怒的目光在她的后背上烧了一个洞。她几乎没有去看她已经死去的父亲，现在，她只感觉到自己的眼泪中充满了悲伤与屈辱。她父亲活着时和另外一个女人结了婚，有别的孩子。她的母亲只是他的情妇，她是秘密家庭的孩子。在阿根廷的富人中拥有秘密家庭很普遍。在这个小镇上，伊娃一家是谁都不愿意理睬的人。

伊娃知道，母亲来参加葬礼是打破了一个约定俗成的规则。她父亲的富有的朋友们看到穷人出现在他们中间，十分错愕惊讶。伊娃可以感觉到他们鄙夷的目光。愤怒和耻辱在她的体内膨胀，7 岁的伊娃发誓有一天她要获得他们的尊重，有一天她要成为拥有权势和财富的人。

伊娃的母亲担心没有经济来源，无力照顾子女、供养家庭。这里的土地和工商业都被一小部分富有的家族掌控着，他们拒绝帮助镇上的穷人。几经周折，伊娃一家最后来到了阿根廷胡宁的一个小镇，搬进一个意大利餐厅上面窄小拥挤的公寓。有人说伊娃的母亲开了一个家庭旅馆养家糊口，但另外一些人则说她成为了一个妓女。伊娃的姐姐们找到了工作，但伊娃对此一点都不感兴趣。她是一个追星族，梦想成为一个演员。在这个国家，对像她这样一个贫穷的女孩来说，这几乎是一个不可能完成的梦想。但伊娃绝对不是泛泛之辈。

在伊娃成为广播明星时，她开创了一档广播节目，讲述历史上著名女性的故事。这在当时的阿根廷是具有革命性的想法。

1934年，15岁的伊娃离开胡宁，来到心目中的大城市——布宜诺斯艾利斯，决心成为一个大明星。伊娃不是唯一一个为了梦想离开乡村来到城市的人。在20世纪30年代，布宜诺斯艾利斯吸引了一批又一批在农村找不到工作的穷苦人。这座大城市竞争激烈，许多人因为没有工作而饿肚子。五年来伊娃靠着在舞台剧里扮演小角色谋生。她20岁时终于获得了一个难得的机会，在广播系列剧中扮演一个大角色，

在接下来的几年里，伊娃的事业蒸蒸日上，她终于成为了一个大明星。她赚了很多钱，有能力打扮得更优雅得体。她把自己棕色的头发染成了金色——真正的女明星的风格。她还懂得政治游戏。一个军事政权在阿根廷的势力与日俱增，伊娃就迅速和新政府的几名军官交上了朋友。

1944年，在一次筹资活动上，伊娃遇见了将陪她度过一生的人。尽管，胡安·多明戈·贝隆上校和一群美女抵达了活动现场，那晚结束时，他的眼里只有伊娃。48岁的贝隆上校是一个丧偶的单身汉，他英俊潇洒，在政治上崭露头角，立志为底层民众赢得更高的工资待遇和福利。胡安被伊娃的美貌深深吸引了，但更吸引他的是伊娃的智慧和理想。最重要的是，胡安和伊娃有着相似的生活背景——他们的父亲都很富有，母亲都来自底层社会，父母之间的关系触犯了社会禁忌。他们知道在社会偏见中挣扎成长的滋味，也都为各自的成功而努力奋斗。这让他们可以相互尊重。

就在这次相遇后的一个月，胡安被提升为新政府的副总统。而伊娃也就开始在爱国主义的广播节目中，宣传胡安和他的政治理想。这些节目非常受欢迎，让胡安成为了一个家喻户晓的名字。伊娃也成为了演员联合会的会长，在胡安的政治决策中发挥着越来越积极的作用。这个曾经贫穷、出身底层社会的女孩在26岁时已经成为了一个百万富翁。

胡安和伊娃太受欢迎了，他们越来越强大的影响力让新政府感觉到了威胁。胡安被逮捕了，伊娃丢掉了电台的工作。但胡安被逮捕却让这对情侣在阿根廷的底层人民中更受欢迎。他们举行了一整天的抗议活动，游行示威，要求释放胡安。这让首都陷入了瘫痪。胡安被释放了，游行的人们认为他们赢得了与权贵的第一场战争——那些人掌控着政府、土地、工作机会……及国家的一切。胡安好像是他们唯一的希望。他们亲切地称呼伊娃为“艾薇塔”，也就是她现在广为人知的名字。

艾薇塔成为第一夫人后，阿根廷上流社会的女人因为她的出身对她很怠慢。艾薇塔小小报复了她们一回，她关掉了这些女人最喜欢的慈善机构，然后自己成立了这样的组织。这些女人向她抗议，她就请她们去监狱里住了几天！

胡安被释放后，和伊娃举行了一个秘密的结婚仪式。胡安宣布，他要竞选总统，艾薇塔也回到了原来的工作岗位，继续通过广播节目宣传胡安。虽然大多数的政治家们很富裕，他们依靠富有和拥有土地的选民赢得选举的胜利，但胡安夫妇则专注于获得穷人选民还有工会的支持。胡安和艾薇塔都出身卑微，他们代表着穷人，让穷苦人为自己感到骄傲。艾薇塔说：“我觉得我有责任为卑微的人民说话，就好像我是他们所有人的母亲一样。”

1946 年，胡安以绝对优势被选为总统。27 岁就成为第一夫人的艾薇塔得到了她梦寐以求的权力。在这个时代，女性连在家庭中都没有话语权，更不要谈从政了，艾薇塔却打破了所有条条框框。她立志要缩小阿根廷的贫富差距。她在劳工部设立了自己的办公室，要求公司为工人们提供更多的福利和工资。她还领导着社会救助基金会，每年筹资 5000 万到 1 亿美元来修建医院、学校和穷人的住所。

艾薇塔最重要的贡献是她为争取男女平等做出的努力。那时，阿根廷的女性没有投票权，艾薇塔就组织集会，发表广播谈话，慷慨激昂地要求国会和阿根廷人民给予女性投票权。她的演说非常成功，1947 年，阿根廷的女性赢得了投票权。

艾薇塔也为女性权益积极奔走。在那个年代，女人和男人做一样的工作，却只能获得男人报酬的一半。艾薇塔协助成立了贝隆主义妇女党，并领导妇女党的事务。1949年，纺织业女工实现了同工同酬；其他行业的女性工资涨到男性的80%，并获得了法律保障。法律还给予女性平等的婚姻和儿童监护权。艾薇塔甚至还要求家庭主妇们可以获得她们的家务工作报酬！

如果你想了解更多艾薇塔的故事，可以看一看由麦当娜和安东尼·班德拉斯主演的电影《艾薇塔》。

1950年，艾薇塔再次震惊了这个国家，她宣布竞选副总统。然而，尽管艾薇塔拥有丈夫的支持，她自己也政绩斐然，但国内对政府腐败谴责声日益高涨，反对的声音让胡安夫妇的支持率下降。艾薇塔只好被迫退出选举，胡安则继续参加总统选举。

我自己没有任何想要的东西。我的荣耀是，也将永远是……人民的旗帜。即便我将生命的碎片撒在路边，我知道你们会以我的名义把它们拼起来，然后像一面胜利之旗将它挥舞。

——艾薇塔·贝隆

每天早上8点准时起床，一直工作到午夜，这样连续多年的高强度工作损害了艾薇塔的健康。就在大选投票前，艾薇塔被诊断出患有癌症。这场选举变得伤感煽情起来。超过90%的有资格投票的女性投出了自己的一票，胡安·贝隆以压倒性的胜利赢得了选举。

对艾薇塔的诽谤几乎一扫而空。成千上万的人为她守夜，祈祷她的康复。她被称为“国家精神领袖”和“艾薇塔上尉”。她的自传一上市就成为了畅销书，被列入学校的必读书目。尽管重新赢得了人民的爱戴，但艾薇塔还是于1522年7月26日与世长辞。

艾薇塔33年的生命历程鼓舞了阿根廷的劳苦大众和全世界的女性。她克服了种种困难，从一个贫困、没受过教育的私生女变成了世界上最有革命精神的女性。她的经历带给了人民希望，告诉世界即便最不幸的人也可以勇攀高峰。艾薇塔为弱势人群争取权利，让政府聆听他们的声音，带给了他们梦想与希望，成为了穷人的偶像。对全世界仍然在苦难中挣扎的人来说，艾薇塔是一个永不泯灭的传奇。

你将如何撼动世界？

我想帮助穷人、保护环境来震惊世界。我长大了还想当一个兽医，这样我就可以帮助那些受伤的动物了。是的，虽然我只是一个普通人，但千里之行始于足下。

——莱斯利·布里塞尼奥，15岁

Anne Frank

安妮·弗兰克

1929～1945 ❁ 作家 ❁ 德国和荷兰

在数以百万计被压制的声音中，她的声音被保留下来了……她超越时空的声音比凶手的更振聋发聩。

——恩斯特·施纳贝尔，传记作者

安妮环顾四周昏暗的屋子。为了逃避纳粹的追捕，她和家人已经躲躲藏藏两年多了。现在，他们必须非常小心。他们的藏身之处是一个仓库的房间。白天，他们必须保持沉默，在房间里几乎一动不动，如果要说话，只能用非常微小的声音讲悄悄话。发出一点声音就可能被楼下的工人发现。但安妮觉得自己很幸运，因为有家人和朋友陪着她一起躲在这里。许许多多的犹太人就不那么走运了。

安妮试着装饰这个小小的阁楼，让它变得尽可能舒心。她在墙上挂明信片和电影明星的海报。但这还是一点儿也不像家。安妮能够与外部世界连接的最紧密方式就是在夜晚悄悄地听广播。安妮还有一个可以逃避残酷现实的方式——写日记。在日记里，她记录了自己的思想、感受、经历和梦想，在这场惨绝人寰的大屠杀中留下了一个犹太女孩的生命印记。

1929 年 6 月 12 日，安内利斯·玛丽·弗兰克出生在德国法兰克福。安妮只有 3 岁时，纳粹党控制了她的国家。他们对犹太人进行了残酷压迫，试图让犹太人最终从这个世界上消失。1934 年年初，安妮和她的家人搬到了荷兰的阿姆斯特丹，企图逃避纳粹的迫害。

安妮的爸爸奥图开了一家新公司，一家人过了几年安稳日子。但 1940 年，随着德国人占领阿姆斯特丹，弗兰克一家的生活发生了巨大变化。1942年，纳粹要求安妮的姐姐去劳动，这样他们就可以把她送去一个集中营。弗兰克一家认识一些被送到集中营的家庭，他们一走就再也没有音讯了。于是，他们决定躲进奥图公司仓库上面的几间房子里。这里还藏了另一个家庭。这是一个冒险的决定，但他们知道这是一家人可以待在一起的唯一方式。那一年，安妮只有13岁。

弗兰克一家第一次逃到藏身地点时，他们不得不一次性穿上好几层衣服。犹太人拖着行李箱在城市的街道上走十分危险。那一次，安妮感觉自己要窒息了。

在接下来的两年里，安妮和其他人从来不敢离开藏身的地方。一些荷兰的朋友冒着生命危险来帮助他们，为他们提供食物和其他生活补给品。安妮经常在她心爱的日记本里记录生活的点点滴滴。在她13岁生日那天，她得到了这本红白格子的日记本，这也是少数她可以带走的东西之一。1942年9月28日，安妮写道："现在，你已经成为了我安慰的源泉……我总是迫不及待地想要和你度过写作的时光。哦！我多么高兴把你带在身边啊！"

安妮总是梦想成为一名作家。她写短篇故事、童话和散文。安妮的日记被翻译成为30多种语言，还被改编成为了一个获得过普利策奖的戏剧。1955年，安妮的作品被改编为百老汇歌剧《安妮·弗兰克日记》。1997年，该剧在百老汇重新上演时，小安妮的扮演者是另一位震惊世界的女孩——娜塔莉·波特曼。

1944年8月，就在安妮刚刚过完15岁生日后，一个告密者向德国警察泄露了弗兰克一家的藏身地点。他们被发现了！纳粹抓住了躲在这里的每一个人，把他们送进了集中营。在躲在仓库里的8个人中，只有安妮的爸爸在这场大浩劫中幸存了。安妮16岁生日前在贝尔根－贝尔森集中营里死于风寒。

战后，安妮的爸爸返回阿姆斯特丹。他们的荷兰朋友保留了安妮的日记本，并还给奥图。纳粹在逮捕他们时就摧毁了他们的藏身之处，但朋友们设法保存了安妮的日记本。1947年，奥图·弗兰克发表了他女儿的日记。

今天，安妮的日记作为大屠杀的见证“幸存”了下来，一个面对历史上可怕悲剧的普通女孩借着这本日记发出了自己的声音。她的文字向我们展示了即便在最糟糕时代，人类所能够拥有的勇气和希望。1944年5月3日，安妮写道：

我下定决心要过一种和其他女孩不一样的人生……我在这里所经历的一切只是一个有趣人生的良好开始，那就是为什么在最危险的时刻，我都必须幽默，并且笑一笑。

纳粹从来不能摧毁这个女孩的精神。在她最后的几篇日记中，安妮写道：“不管曾发生过什么事情，我仍然相信人性本善。”

你将如何撼动世界？

我的梦想是成为一个作家。我想让人们透过我的眼睛，一个小女孩的眼睛，来看世界。我肯定不会写那种最流行的少年时尚或青春文学故事。我不喜欢那种风格。我想影响人们的生命。

——劳拉·迪薇歌莉娅，13岁

Wilma Rudolph

威尔玛·鲁道夫

1940～1994 ◎ 运动员 ◎ 美国

我喜欢奔跑中的感受，我可以感受到自由和新鲜的空气，感受到我唯一的竞争对手就是我自己。

——威尔玛·鲁道夫

聚会的人群一个接一个走进教堂，9 岁的威尔玛却踌躇不前。她认识的克拉克斯维尔的人几乎都在那儿。她的家人和朋友陆陆续续在长椅上坐定，威尔玛脱下穿了好几年的铁架矫正鞋，把它扔在一边。她深呼一口气，跨进了教堂的门。教堂里的人窃窃私语，自威尔玛 4 岁穿上矫正鞋起，他们就从来没有看她独立行走过，而现在，威尔玛却勇敢地走在过道里，并找到位置坐定。实际上，她已经走过了整个教堂的距离。虽然她后来的人生中充满了掌声，今天却是她人生最大的胜利之一。聚会的人群不会想到，有一天，这个勇敢的女孩将会成为世界上跑得最快的女人！

1940 年 6 月 23 日，威尔玛·鲁道夫出生在田纳西州圣伯利恒。她是艾德·鲁道夫和布兰奇·鲁道夫 22 个孩子中的一个，她排行第二十。她从小就体弱多病，得过麻疹、腮腺炎、水痘、肺炎和猩红热。她 4 岁时患上了小儿麻痹症，一种可以致残的疾病，这让她无法控制左腿的肌肉。

谈到小儿麻痹症的诊断，威尔玛说："医生告诉我我永远不会走路，但我的母亲告诉我我可以的，我相信我母亲的话。"

医生告诉威尔玛她再也不能走了，但她和家人都不相信这份诊断。后来的十年里，他们共同努力，想要证明医生是错误的。每天，威尔玛的兄弟姐妹们都会轮流帮她做按摩，锻炼她的左腿。每个星期，威尔玛和妈妈都会坐车去医院两次，做物理治疗，加强腿部的肌肉。那时，南方的种族隔离非常严重，能够接受非裔美国人最近的医院在50英里开外的纳什维尔。一路上，威尔玛和妈妈只能坐在车子的最后面。

有了家人的支持，威尔玛虽然进步缓慢，但每一点小小的进步都振奋人心。在她6岁时腿部的肌肉变强，她可以借助一个特制的矫正鞋走路。这意味着，她终于可以和兄弟姐妹们一起去上学了。虽然威尔玛还不能像其他孩子一样做体育运动，但她已经下定决心，让自己变得更强。

威尔玛10岁时可以不借助矫正鞋的辅助走短距离的路程。两年后，她兴高采烈地把矫正鞋送回了纳什维尔医院，她甚至开始打篮球！七年级时，她进入了校篮球队，几年内就成为了一个明星球员。高二那年，她在25场比赛中拿下了历史性的803分！创造了田纳西女子篮球队的新纪录。

威尔玛惊人的才能引起了艾德·坦普尔的注意。坦普尔是田纳西州立大学女子田径队的教练，他对威尔玛的速度和毅力印象深刻，邀请威尔玛来参加田纳西州的一个夏季田径项目。这给了她一个锻炼自己、提高技术的好机会。威尔玛抓住了这次机会，努力练习，变得更加强大。1956年，她的速度让她有资格参加美国奥运田径队。这次奥运会在澳大利亚的墨尔本举行，小威尔玛几乎没有出过田纳西州的克拉克斯维尔。威尔玛的兴奋之情不言而喻！作为美国田径队年纪最小的成员，年仅16岁的威尔玛在4×100米接力赛中获得了一枚铜牌！

威尔玛决心参加下一届奥运会。在1960年罗马奥运会上，她创造了奇迹。她先后在100米、200米和4×100米接力赛中夺冠，成为了第一个在奥运会中夺得三枚金牌的美国女子短跑运动员。她也成为了真正意义上"世界上跑得最快的女人"。

威尔玛令人难以置信的运动才能为她赢得了诸多重要奖项。她被美联社评为"年度最佳女运动员"，被欧洲体育记者团体授予"年度体育大奖"。1962

年，威尔玛宣布退役，那时她已经赢得了詹姆斯·E. 沙利文优秀业余运动员奖，还有颁发给世界上最优秀女运动员的贝贝·迪得瑞金森·萨哈蕾亚斯奖。

在奥运会后，威尔玛回到家乡，人们举旗欢呼。镇上甚至举行了一次游行来庆祝她夺冠。非裔美国人和白人都参加了这次游行，这也是克拉克斯维尔历史上第一次种族融合性活动。

1963 年，威尔玛从田纳西州立大学基础教育系毕业，成为了一名老师、田径教练和儿童体育项目的组织者。1967 年，她加入了运动员组织“冠军之道”，训练城区的青少年。在 20 世纪 70 年代，威尔玛成立了自己的公司“无限威尔玛”，并周游全国，发表励志演讲。她分享了自己的成功故事，鼓励孩子们无论遇到多大的困难，都要追求自己的梦想。威尔玛热衷于鼓励年轻的运动员，1981 年，她创办了威尔玛·鲁道夫基金会，以培养从事体育事业的年轻人。

传记作家汤姆·比拉克里曾写道：

威尔玛·鲁道夫战胜了小儿麻痹症，成为“世界上跑得最快的女人”。她在男性主导的体育世界里，通过自己令人瞩目的成就，赢得了他们对女性的尊重。然而，鲁道夫告诉记者，她重视自己的理想，就像重视她自己独特的成就一样，“我只是想作为一个勤奋而又拥有信念的人被大家记住”。

威尔玛·鲁道夫于 1994 年死于脑瘤。作为一位天才运动员和竞技者，她以自己非凡的勇气和天赋鼓舞了许多人。她的经历激励了每个有梦想的人。威尔玛的成功证明了，只要有决心和远见，即使再大的挫折也可以克服。

行动大明星

16岁的杰西卡·沃森四年以来一直梦想着独自驾驶帆船环游世界。2009年11月，她终于扬帆起航，从悉尼港出发，开始了环游世界的航行。她知道这是她迄今为止最具挑战性的任务。在未来7个月里，杰西卡与猛烈的风暴搏击，和汹涌的大海较量，熬过了令人沮丧的孤独，终于在第二年的5月凯旋。杰西卡此行激励了许多其他人驾帆船航行。她本人也在2011年获得了澳大利亚年度青年奖。

The Night Witches

"夜间女巫"

1941～1945 ◎ 战斗机飞行员 ◎ 俄罗斯

即使可以把世界上所有的花收集起来放在你们的脚下，也不足以向你们的勇气致敬。

——法国的飞行员称赞"夜间女巫"

玛丽娜透过飞机的窗户向外望去，看见了下面的森林。她们正在急速降落，而且，没有位置可以着陆。暴风雪在她们周围张牙舞爪，让机翼上结了一层厚厚的冰，一点一点地将她们推向死亡的深渊。

"快减轻飞机的重量！"瓦伦汀娜大叫着。她正在费劲地保持着飞机的高度，一旁的玛丽娜和柏琳娜打开地板上的舱门，把所有没有被固定住的东西都扔了下去。但这丝毫不起作用，飞机正跌跌撞撞地向树林冲了过去。她们原本准备去创造一个飞行纪录，可现在，她们不敢想象自己正在生死线上挣扎。

忽然，暴风雪冲进了机舱，飞机剧烈颠簸。瓦伦汀娜和柏琳娜转过身，看到玛丽娜站在敞开的舱门旁边，面色凝重。她正在迅速把降落伞套在身上。"不要这么做，玛丽娜！在这种荒郊野岭的地方，我们永远都不会找到你了。"她们大吼着。但太晚了——玛丽娜把自己扔进了这漆黑寒冷的夜里。

机身重量减轻，她们终于可以让飞机向上升，然后找到一块靠近村庄的空地着陆。玛丽娜惊人的勇气救了她们。着陆后，她们在这一地区搜索了好几天，却怎么也找不到玛丽娜。她们猜测，玛丽娜可能已经葬身于树林中了。10天后，就在她们和俄罗斯公众已经失去希望之时，一个猎人偶然发现了玛丽娜，她躺在人迹罕至的森林里，已经冻僵，快要饿死了。

这组飞行员姐妹回到莫斯科后，成千上万的人们夹道迎接女英雄们凯旋。在经历了险象环生的6000米横穿俄罗斯的飞行后，她们创造了新的女性长途飞行世界纪录。每一个飞行员都被授予了“苏联英雄金星奖”，她们是第一批获此殊荣的女性。但人们真正想见到的是玛丽娜·罗斯科娃上校，正是这位勇敢的年轻女性冒着生命危险才让这次任务圆满完成。

“夜间女巫”不是苏联的第一批女战士①。传说中的亚马逊女战士们也来自俄罗斯南部。

玛丽娜开始飞行时才19岁，她是俄罗斯第一个通过飞机领航员考试的女性。在1938年那场英雄史诗般的飞行后，她的故事鼓舞了千千万万的女孩甚至家庭主妇去考飞行员。她被誉为俄罗斯的阿米莉亚·埃尔哈特②。政府开设了本地的飞行俱乐部，免费培训一批只有17岁的女孩。玛丽娜激励俄罗斯女孩不断前进，挑战极限……在战争来临之际，这些姑娘们被召集起来保家卫国。

1941年6月，阿道夫·希特勒让俄罗斯和世界大吃一惊，他发动了偷袭苏联空军的巴巴罗萨行动。德国轰炸机摧毁了还停在机场上的苏联飞机中队。毫无先兆的空袭不仅让苏联处于一片混乱之中，也扩大了德国的空中优势。苏联空军在这次袭击中被大面积摧毁，整个国家陷入了危难。

直到1993年，第二次世界大战后50年，美国女性才被允许在战斗中飞行，这和“夜间女巫”整整差了50多年。

苏联人民急切地想在这场袭击中保卫他们的罗纳迪——俄罗斯母亲。千万人应征入伍，希望参军，上前线保卫家园，这其中也包括那些受过训练、

① 传说中，亚马逊族是一个十分古老的游牧民族，生活在今天欧亚大陆的交界处。该部族的最大特点是由清一色的女子组成，她们买卖男子生育，把生下的女孩留下，并养育成人。亚马逊族的另一特点是尚武好战，她们在古代的传说中总是以勇猛无畏的女战士形象出现。——译者注
② 美国传奇女飞行员。——译者注

飞行经验丰富的少女们。一开始，这些少女飞行员参军的请求被拒绝了，对此，一位官员的回复是："事态也许很严重，但我们还不致绝望到把像你一样的小女孩弄到天上去。你还是回家帮你妈妈吧。"

1943 年 6 月，一艘美国制造的船借给俄罗斯。美国人命名它为玛丽娜·罗斯科娃号，以纪念这位苏联英雄飞行员。

不久后，俄罗斯的官员们就改变了态度，仅仅是因为俄罗斯已经没有足够的男性飞行员来参加战争了。

玛丽娜·罗斯科娃又一次受命于危难之中。玛丽娜被调到苏联空军，她说服了高层指挥官，让她招募并培训由全女性组成的战斗组。在莫斯科广播，玛丽娜号召女性自愿参军，和男人们一起上前线战斗。她的号召得到了热烈的响应，谁不想在自己的偶像手下工作呢？空军每天都收到一包又一包的申请信件，而玛丽娜亲自面试了数千人。最终，一千多名最优秀的候选人被选中。她们有的成为了战斗机飞行员，有的成为了领航员，其余的被分配到机械和后勤组。大多数被选中的姑娘都只有十几岁！

一开始，这些姑娘们遇到了比她们的男同行们多得多的困难。政府甚至不愿意给她们制作女性的制服，而是给了她们和男性一模一样的制服。一个女战斗机飞行员回忆道，"它们（制服）非常巨大……背心都垂到了膝盖以下，长裤几乎都可以套到下巴上……大衣垂到地板上，就好像……新娘的裙摆。"另一个说，"上帝知道德国人会怎么想。"由于对德军的战斗已经展开，她们必须加快培训时间，或者说要以最短的时间准备到位。这些年轻的女性要将 3 年的飞行培训浓缩到 3 个月！

然而，她们所面临的最大的困难却是来自男同志们的性别歧视。许多男性飞行员拒绝和这些女"僚机"① 驾驶员一起执行任务，也拒绝乘坐女机械师

① 僚机是指编队飞行中跟随长机执行任务的飞机。僚机应保持在编队中规定的位置，观察空中情况，执行长机的命令。——译者注

维修的飞机。许多人认为，女性的技术不能和男性相提并论，也无法像他们一样勇敢，在战争中没有女性的位置。

不过，这些女勇士们没有因为他们的态度而退缩。德国人也入侵了自己的祖国，她们有能力进行反击。没过多久，这些女飞行员们就证明了自己。她们和男飞行员一样，在空中和敌人缠斗、炸毁桥梁和弹药库，为俄军士兵清除路障，保护苏联的军事设施。

最成功的要数她们对行进中的德国军队的夜间轰炸。在前线，睡眠对疲惫的士兵们来说是至关重要的。所以“夜间女巫”们的通宵轰炸给了敌人毁灭性打击。一位德国指挥官描述了她们的袭击所造成的影响：“我们根本不知道，给我们造成最大麻烦的苏联空军其实是女性。这些女性无所畏惧。她们来了一夜又一夜……不让我们睡一会儿。”飞行员曾经在一个晚上发起了 18 次攻击！德国对这样的空袭害怕极了，他们称呼这些飞行员为“夜间女巫”。

事实上，夜间的空袭对飞行员来说一样可怕。她们飞行使用的双翼战斗机通常只是用于训练，因为这些飞机飞行速度慢，从远处就可以被发现。它们很容易成为敌人的目标。一位女飞行员讲述了一个特别可怕的任务：

高射炮从四面八方向我们发起了猛烈的攻击。突然，我觉得我们的飞机被击中了。我的左脚向下滑，竟然落空了；原来，驾驶舱的底部已被打穿。我感觉有热的东西从我的左胳膊和腿上流了下来——我受伤了！探照灯失灵……我完全迷失了方向，视线模糊，已经分不清天空和大地了……

这些不牢固的飞机是由帆布制成的，所以一旦被击中，它们很快就会着火。这意味着机组人员几乎必死无疑，因为飞机上也没有降落伞！即便她们可以设法着陆也得非常小心，停在战斗界线的俄军的那一边，否则就会被敌人俘虏。

“夜间女巫”们设计冒险的战术，来弥补飞机的缺陷。在一个演习中，一位英勇的飞行员会独自在敌营上方飞行，以吸引敌人的泛光灯和机枪扫射。当德军朝这一架飞机猛攻的时候，另外两名飞行员会滑翔过来，将下滑引擎关闭，投放炸弹。在德国人搞清楚发生了什么时，所有的三架飞机都不见了。如果有更快的德国飞机追击她们，她们唯一可以逃生的方法就是智取。她们常常低空飞行，使飞机可以被树木隐藏！这样就很难被赶上，继而可以成功脱身。事实上，德军曾许诺，击落一架“夜间女巫”的德国飞行员可以被授予一枚铁十字勋章(德国的最高荣誉勋章)。

这些英勇的女飞行员至少执行了和男同事们一样多的任务：仅在一个全女性战斗组里，在战争期间，她们执行过 2.4 万多次战斗机飞行任务！这些女勇士们赢得了诸多奖章和荣誉称号。事实上，一共有 29 名女飞行员赢得了著名的“苏联英雄奖”，其中有 23 名获奖者来自“夜间女巫”！

其中，有一个不怕死的飞行员特别著名，她就是在俄罗斯颇负盛名、让德国人闻风丧胆的莉亚·理维克。据说，莉亚 15 岁时就试图加入当地的飞行俱乐部，却被告知她还得像其他人一样再等两年。但莉亚的态度非常坚决，她读完了手头上的每一本飞行书，然后缠着教官，向他们展示了她过人的才识和胆略。终于，教官们妥协了，让 16 岁的莉亚提前入伍。莉亚天生就是飞行员，她比其他学员学得都快。不久后，这位优秀的少女飞行员也成为了教官。

玛丽娜在广播里号召女飞行员们上战场后，莉亚是第一个报名加入女军战斗组的女孩之一。她很快就受到了重用，和男兵战斗组一起参加了斯大林格勒战役。尽管莉亚非常漂亮，她没有让自己的美丽使男同事们分心。一个年轻的战斗机飞行员曾向莉亚表白，她回答说：“亲爱的，首先让我们把仗打完，也许我们可以谈一谈爱情，怎么样？”

在冰天雪地的前线，女飞行员们几乎不可能有条件洗头发。不过莉亚想出了一个绝妙的主意：在完成一天的飞行后，她打开飞机的散热器，排出里面滚烫的水，倒进桶里。就在跑道上，她解开头盔，用这唯一可以找到的热水洗头发！

莉亚很快就赢得了男同胞的尊重。在不到一年的战斗里，她成功执行了 168 次任务，不可思议地击落了 12 架敌军飞机。为了表彰她的勇敢，她被授予著名的红旗勋章，并晋升为高级中尉。莉亚在她的驾驶舱两侧各画了一大朵白玫瑰，飞机头部还有 12 朵小玫瑰列成一排，代表了她击落的每一架飞机。这为她赢得了“斯大林格勒白玫瑰”的美名。当德国飞行员看到“白玫瑰”迫近时，他们通常会选择转身逃跑而不是继续战斗。当莉亚的飞机接近德军时，苏联人可以在广播里听到德国飞行员相互警告：“当心，是理维克!”

在刚强的外表下，莉亚有一颗爱美之心。在每一次执行任务之前，莉亚都会采摘一些野花，放在耳朵旁边，以求好运。甚至在她被击落的那一天，莉亚在飞机控制室内挂了一些花。

有一次，莉亚击落了一架德军飞机，飞行员跳伞后被俄国军队俘获。这个德国飞行员的制服上装饰着很多枚军章，毫无疑问他军阶较高。俄军盘问他，他却傲慢地要求见那个将他击落的飞行员。当莉亚走进来时，他从惊讶转为暴怒，他要求俄军解释。但随着莉亚详细描述了他们是如何在空中缠斗的，他又是如何被击落的，他的愤怒又转为惭愧。这个德国人甚至不敢抬头看莉亚。一个在场的朋友后来说：“她目光炯炯，好似一头猛虎。她真的很享受那一刻。”

让人悲痛的是，1943 年 8 月，莉亚的好运气结束了。她在前线侦察敌人的轰炸机时，一组德国战斗机引开了其他俄罗斯飞机，8 架战斗机开始围剿莉亚。他们发现了这是“白玫瑰”的飞机，决心再也不让她逃脱。莉亚拼尽全力进行反击，德军的 8 架飞机围着她团团转，不断进攻。最终这朵“斯大林格勒白玫瑰”凋谢在一片火海中。莉亚为国捐躯时只有 22 岁。

莉亚的父母不同意她当飞行员，所以，她告诉他们，她参加的是戏剧俱乐部，每天放学后需要排练。

在战争结束之前，玛丽娜·罗斯科娃也阵亡了。1943 年，玛丽娜引领两架飞机穿越能见度极低的暴雪带，在白茫茫的一片大雪中，她失去了方向，飞行高度过低，撞向了陡峭的伏尔加河河岸，壮烈牺牲。这些女飞行员们虽然已经经历过太多失去战友的痛苦，但这一次，失去她们的英雄、精神领袖、力量源泉，这份悲痛让她们难以承受。在听闻她的死讯时，一个飞行员说：“有那么一刻或两刻的时间，全体都沉默了……然后大家都哭了出来……周围都是最痛苦的啜泣声。”

虽然许多俄罗斯女英雄们没有活到战争胜利那天，没有亲眼看到亲爱的祖国赶走德国侵略者，但人们将永远记住她们的勇气和贡献。战争结束后，人们在莉亚坠机地点附近为她树立了一座纪念碑，以纪念这位战争英雄。1990年，当时的总理米哈伊尔·戈尔巴乔夫追授了莉亚“苏联英雄奖”。玛丽娜和莉亚一定会为她们的战友骄傲。这些女兵参加了历史上最沉重、最危险的空战。她们永不言败，为祖国赶走了侵略者，赢得了战争的胜利。

你将如何撼动世界？

我想设计特技飞行。我会亲自表演特技，展示高难度的翻转和回旋动作。我一定可以做得比其他飞行员好。我觉得飞翔是世界上最好的事情，那就是我震惊世界的计划。

——莱·德拉瀚，12岁

Temple Grandin

天宝·葛兰汀

——患孤独症的发明家

1947～ ◎ 科学家、发明家和社会倡导者 ◎ 美国

我绝对相信，不同的能力、思想和表达方式可以获得更大的理解。

——天宝·葛兰汀

天宝大口大口地喘着气，飞快地穿过牧场，她的心跳得很厉害，就好像要飞出胸腔一样。她感觉自己要得心脏病了，但无论怎样就是停不下来。她无法减速，无法思考。她不得不一直前进！前进！前进！

天宝受到了惊吓，事实上，她一直都受着惊吓，每一次对她而言都是那么可怕。这次，天宝正围着安姨妈的牧场跑步，忽然，她的眼角捕捉到了什么。是牢靠架[①]！她拼命地想着，她开始想象着牛站在这个机器上，工人们给它们注射。一开始，牛会很紧张，然而，一旦侧门一关，把它们两侧的腹部夹紧，固定住它们的身体，这些动物们就放松了。

在任何人可以阻止它之前，天宝就把自己扔进了这个空的牢靠架里。她像牛一样，四肢着地，趴在架子里，然后喊着："拉动操作杆！"

安姨妈不知道天宝想做什么，但她还是拉动了操作杆。门关上了，轻轻的压力挤压着天宝。一种如释重负的感觉油然而生。天宝感觉惊吓消失了，呼吸平缓了，心跳也慢了下来。平静席卷全身，这好似一个奇迹发生了。

① 牢靠架是兽医在给牛打针时常用的一种器具，用来把牛紧紧夹住，使它无法活动。牢靠架看起来就像一个很大的V字，由金属条构成，底部有个铰链。牛进去以后，空气压缩机把底部合拢，这样牛就被固定了。详细信息见葛兰汀的著作《我们为什么不说话》。——译者注

天宝清楚，她必须自己做一个这样的挤压器。

那个夏天，17 岁的天宝真的自己设计并制作了一个挤压器，这将她从孤独症引起的难以忍受的焦虑中解放了出来。这是天宝人生中最重要的第一步，她最终把自己的缺陷转变成了一种财富，并实现了自己的梦想。

1943 年，里奥·坎纳医生第一次提出了“孤独症”一词，用来形容他研究的一些孩子的反常行为。孤独症是因幼年时期的大脑障碍引起的。一些典型的症状包括了较差的语言能力，回避目光接触，对声音没有反应，喜欢发脾气，对人没有兴趣，还有重复刻板的行为，比如摇动、旋转或拍手。孤独症的病因还没有找到，早期干预和治疗可以帮助缓解症状，但不能治愈。

天宝 1947 年出生在马萨诸塞州的波士顿，她出生时没人知道她有孤独症。她还是一个婴儿时就显得与众不同，比如别人抱她她就会挣扎，更喜欢一个人待在婴儿床里，但天宝的父母还不知道他们的女儿不同寻常。后来，他们注意到已经蹒跚学步的天宝不会说话，他们担心天宝耳聋。天宝也不喜欢和同龄的小伙伴一起玩。当别的孩子一起玩沙堡或者跟妈妈一起做馅饼时，天宝会一个人待几个小时，痴痴地盯着沙子从指间流过，着迷于每一粒沙。天宝和别人不一样！

天宝两岁半时，医生说她有大脑损伤。那时，几乎没有人了解孤独症。和天宝有一样症状的人通常会被送进医院。医生建议天宝的家人也这么做，她的妈妈拒绝了医生的提议。妈妈送天宝去了一个语言治疗学校，然后请了一个保姆照顾天宝和她妹妹。在谈及早年岁月时，天宝说：“我一直在走神，把耳朵蒙住，然后在自己的世界里做梦。”老师们常常需要把天宝拉回现实，在他们的帮助下，天宝开始说话，和家人交流。

然而，进入青春期后，生活对天宝来说更加困难了。可能受到荷尔蒙变化的影响，患有孤独症的人在这一阶段病症会加重。对天宝来说，她一直经受着严重的焦虑症。她怪异的说话方式和行为方式常常被同学嘲笑。

我们对孤独症的理解也在不断深入。今天，天宝的疾病会被诊断为阿斯伯格综合征。

幸运的是，在高中天宝遇到了对她影响最大的导师之一，她的科学老师卡洛克先生。在他眼里，天宝有着令人难以置信的天赋，但卡洛克先生也知道，天宝的思维方式和其他学生不一样。天宝通过视觉学习，在她眼里世界就是一幅幅画。别的孩子因为天宝的不同而戏弄她，卡洛克先生却鼓励天宝把这些不同变为自己的优势。他建议天宝利用自己独特的视觉能力设计一些实验。天宝接受了他的建议，开始像一个科学家那样思考并做实验。“在我因为同学的嘲弄而变得垂头丧气时，他常常花好几个小时来鼓励我。卡洛克先生的实验室就像一个避难所，让我可以从一个我不明白的世界里逃出来。”

在天宝对一个嘲弄她的女孩砸书后，她被赶出了学校。

在天宝的童年，妈妈总会督促她做一些她感到不舒服的事情，鼓励她竭尽全力挑战自己，寻找自己喜欢做的事情。上高中时，天宝的焦虑症几乎不间断地发作，妈妈迫不得已只好将天宝送到安姨妈在亚利桑那州的牧场去过暑假。可以说这个决定改变了天宝的生命轨迹。在牧场上，天宝照顾动物、设计工具，度过了非常愉快的时光。那一次，在她发现牢靠架产生的压力可以将她从焦虑中解放出来后，天宝为自己设计了一个牢靠架。她向别人阐述了使用这种机器的效果：“我感到非常平静祥和……这是我第一次从骨子里感到舒适。”

在牧场上，天宝取得了另一个重大突破——她发现了自己对牛的热爱。她意识到自己有一种能力，可以透过牛的眼睛看世界。她可以看到牛在看的东西、它们的感受，还可以预见这些可以影响牛的行为。牛群和它们的行为很快就成为了天宝热衷了解的事情。大学期间，她学习心理学，然后利用挤压器在同学们身上做实验，研究了人们是如何排遣压力的。

天宝解释了她的大脑是如何工作的："我利用图像思考。文字对我来说反而像是第二语言。我把口语和书面文字翻译成全彩影像，还配有声音。这就像在脑海里播放 VCR 碟片。"

天宝搬到亚利桑那州攻读硕士学位，这样她就可以离安姨妈和牧场近一点。在亚利桑那州立大学，天宝学习动物学，专攻牛群和饲育系统。她想研究牛在不同的牛槽中的行为表现，并以此作为她的硕士论文，但她的导师却认为她简直是疯了，连说"不"，否定了她的想法。但天宝绝对不会把"不"当做答案。她在建造和设计系重新找了两个新导师，开始了她的研究。她发现，某种槽更容易伤害牛，某种牛则更容易发生意外，某一时刻是减少压力和伤害的最佳操作时机。她的发现被广泛用于畜牧产业。

在天宝的早期生涯，一个男人不允许她进入饲育场，他对天宝说："女孩禁入。"所以，第二次天宝把自己打扮成了一个男人，她穿着厚厚的工装，戴着安全帽和太阳眼镜，然后大摇大摆地走了进去。

毕业后，天宝工作更加努力了，这样她才能让别人相信她的能力。天宝想为饲育场设计更好的设施，这些设施不会让牛群受到惊吓并保持镇静，减少伤害和不必要的死亡。天宝希望她可以让几百万头牛过上更好的生活。在 20 世纪 60 年代，几乎没有女性在饲育场工作，当然更不会有患孤独症的女性在那里工作，除了天宝。

天宝写道，"从我记事开始，我总是讨厌被人拥抱。我也想体验被拥抱时的愉快感受，但这对我来说太沉重了……我 6 岁时会把自己裹在毯子里，然后躲在沙发垫下面，因为这样压力就被释放出来了。我以前常常会做几个小时的白日梦……造一种可以释放我身体压力的仪器。"

天宝最早的牲畜设计项目是为亚利桑那州的约翰·韦恩红河饲养场设计浸渍槽。浸渍槽是一种长长的、窄窄的深池子，里面放满了农药，牛可以在池子里面游泳，这样就可以清理掉身上的蜱虫、虱子和其他寄生虫。天宝并不喜欢现有的设计，当牛进入浸渍槽的时候，那些又陡又滑的斜坡常常让它们受到惊吓。有的牛甚至直接翻了过去，淹死了。天宝重新设计了浸渍槽，让斜坡变缓，还在上面设置了凹槽，这样牛就可以站得更稳。

现在美国有1/3的猪肉和牛肉是用天宝设计的更为人性化的设施处理的。

然而，在饲养场工作的牛仔们却不相信天宝。天宝想要改进这些容易让牛滑倒的斜坡，但是，在她第一次测试前，这些牛仔们用一张铁皮包裹了她的斜坡，让它又变成了以前滑溜溜的样子。在斜坡投入使用的第一天，牛群就像以前一样受到了惊吓，有两头牛翻了过去，淹在里面。天宝发现后暴怒无比！在她的坚持下，牛仔们卸下了铁皮，然后惊奇地发现天宝的斜坡非常好用。牛群镇静地走进池子里面，没有一头牛再翻进去。

天宝最喜欢的电视节目是《星际迷航》，她觉得自己是里面的“纯逻辑生物”。人类的情感对她来说太复杂了，就像人类不能理解瓦肯人[①]和机器人一样。

天宝继续发挥自己独特的才能，设计或改造了全美国范围内的饲育场。她在专业的期刊杂志上发表了许多论文，阐述如何改进动物设施。天宝获得了动物学的博士学位，并在科罗拉多州州立大学担任教授。她被公认为畜牧行为和心理学领域的专家，她也是一位动物保护主义者，倡导以更加人性化的方式对待动物。

她也是一位世界闻名的孤独症专家。天宝相信对孤独症儿童进行早期干预，鼓励发展他们的特殊才能可以帮助他们生活得更幸福、更充实。天宝还创作了多本畅销书，经常参与公共活动，她通过自己的实际行动帮助了千千万万的孤独症患者。

2010年，《时代》杂志将天宝列为世界上最有影响力的100人之一，同一年，

① 瓦肯人（Vulcan）是《星际迷航》中的一种外星人。他们是发源于瓦肯星（英语：Vulcan）的智慧外星类人类族群，以信仰严谨的逻辑和推理、去除情感的干扰闻名。史波克是半瓦肯人。——译者注

一部她的自传电影获得了 7 项艾美奖。天宝青少年时期发明的挤压器现在被称为“拥抱箱”，它可以帮助全世界的孤独症人群减缓焦虑。这台机器天宝自己用了 45 年，直到她再也不需要了。她说：“现在我喜欢拥抱了。”

虽然与众不同让天宝的生活充满了挑战，但她并不希望改变自己。她坚信缺陷给予了她独特的能力。“如果我可以打着节拍，然后摆脱孤独症，那我情愿不这么做。孤独症就是我身份的一部分。”

你将如何撼动世界？

我想为孤独症儿童举办一个马术夏令营。我叫它“马戏营”。在夏令营里，孩子们可以获得一些关于马的知识，比如如何系马、放马，如何领着它们快走和慢跑，如果有可能的话，还可以练习跳跃。我想教育孩子们变得温顺、有爱心，可以关心其他的生物，以此来回报世界。让孩子们学习如何变得更加独立，如何温和地对待这些大型动物，这也是让孩子们表达自我的方式。

——凯瑟琳·南，13 岁

Susan Eloise Hinton

苏珊·依·辛顿

约 1948～ ※ 小说家 ※ 美国

在我年轻时，女孩们只会用发垫把自己的头发弄得蓬蓬的，再画上黑眼线，那就是她们全部的活动了。

——S. E. 辛顿

苏珊·辛顿看着演员马特·狄龙表演着她的小说《泰克斯》里的一个场景。她仍然不敢相信她的书被拍成电影了。这是苏珊的青少年粉丝们要求的——她们给制片人写了很多封信，请求他们把苏珊的书拍成电影，而好莱坞最终采纳了他们的建议。苏珊的其他作品也一一被改成电影，像《打群架》、《此时非彼时》，还有根据她最著名的小说改编成的同名电影《局外人》，这部由弗朗西斯·福特·科波拉导演的电影吸引了拉尔夫·马奇奥、马特·狄龙、埃米利奥·埃斯特韦斯、帕特里克·斯威兹和汤姆·克鲁斯等大牌明星的加盟。

苏珊也参与电影的改编。她非常投入地协助电影制作的方方面面，想要一切按照正常的轨道发展。在她 15 岁写完了第一部小说《局外人》时，她从来不敢想象自己的书有朝一日可以出版。不仅如此，她的书还成为了青少年最欢迎的读物，并有机会被改编成电影。

1948 年前后，苏珊·依·辛顿出生于俄克拉荷马州的塔尔萨。孩童时期，她就非常喜欢阅读，梦想着长大后可以成为一个作家。她早期的作品是关于牛仔和马的故事。苏珊上高中时，她的父亲去世了。苏珊和父亲的关系非常亲密，在他病重期间，苏珊越来越依靠写作来排遣心中的痛苦。

苏珊就读于威尔·罗杰斯高中期间完成了《局外人》的初稿，那一年她只有15岁。这本书在发表之前，她修改了4遍！20岁不到的苏珊一夜成名。和那个时代大多数书不同的是，苏珊的小说扎根于青少年的现实生活。尽管有些人批评这本书过于血腥暴力，更多的人赞扬它贴近生活，真实地展现了青少年之间的冲突。

《局外人》描写了野孩子柯蒂斯和他的小混混朋友与富家子弟们斗争，在现实世界里挣扎寻求自己位置的故事。这本书的灵感来自苏珊自己的经历，她目睹了家乡小流氓和富家子弟的真实斗争，而她的许多同龄人仅以外表和金钱评价一个人的做法困扰着她。

某种程度上电影《局外人》是献给那些要求将书改编成为电影的学生和图书管理员的。

苏珊的小说很快就获得了青少年的欢迎，并在评论家中引起了热烈的讨论。然而，年少成名让苏珊承受了非常大的压力，连续几年她都处于创作瓶颈期。苏珊甚至开始怀疑《局外人》仅仅只是她一时的运气。不过，三年后，她的创作热情再次高涨。1971年，苏珊从塔尔萨大学毕业后发表了自己的第二部小说。《此时非彼时》也是一部描写青少年斗争、暴力和问题家庭的小说。这些主题又反复出现在了她后来的小说里，她又先后发表了《打群架》(1975年)、《泰克斯》(1979年)和《驯服少年阿虎》(1988年)。她所有的作品都很受欢迎，其中4部作品被成功改编成电影。

在《局外人》发表的同一年，苏珊在写作课上得了一个D！

苏珊的前四部小说都以第一人称叙述，一个男孩角色作为旁白讲述了整个故事。她说其实她就是那个旁白，但以一个男孩的视角写作让她感到更舒服。这可能是因为在她的成长过程中，苏珊最亲密的伙伴都是男孩。在她出书时，她用了自己的姓名简写S. E.，这是因为《局外人》发表后，她不希望读者知道她是一个女孩。她担心人们不会相信一个女孩会如此了解帮派和有暴力倾向的父母以及男孩是如何看待来自同龄人的压力。

每年都有千千万万的青少年阅读苏珊的小说，他们非常喜欢她的作品。她也写童书，20 世纪 90 年代中期，她出版了图画书《大戴维，小戴维》和小学生故事书《小狗姐妹》。苏珊的书获奖无数，比如美国图书馆协会授予的年度最佳青少年读物和学校图书馆期刊的年度最佳书籍。她也是第一位获得玛格丽特·埃·爱德华奖的青少年作家，该奖项表彰她对青少年作出的贡献。苏珊是最早通过现实来描写青少年斗争与思想的作家之一，她的写作手法深深影响了青少年文学的题材与风格。

行动大明星

当 11 岁的范祎开始创作她的小说《剑鸟》时，她才说了 4 年英语。范祎 7 岁时和父母从北京移民到美国，英语不是她的母语，但她如饥似渴地学习这门语言。范祎 13 岁时把《剑鸟》寄给出版社，并意外获得了签约。《剑鸟》成为了纽约时报畅销书，后来又发行了中英双语版。范祎 15 岁时又出版了第二本书《寻剑》。

Adriana Ocampo

阿德里安娜·奥坎波

1955～ ◎ 行星地质学家 ◎ 哥伦比亚，阿根廷和美国

我觉得，当你成为一个科学家时，你永远都不可能停止学习，你会不断接受新的挑战，找到新的解决方法和思维方式。

——阿德里安娜·奥坎波

50 万人黑压压地挤在露天看台上，阿德里安娜坐在他们中间。她是加州帕萨迪纳青少年航空工程俱乐部“太空探索 509 号”的成员，她和俱乐部的其他伙伴们穿越了整个美国，来到这里见证这一历史性时刻：阿波罗 17 号的发射，是人类第六次也是迄今为止最后一次登月任务。他们通过在美国航天局的喷气推进实验室（JPL）工作，挣到了这次旅行的费用。现在，他们开始紧张了，担心以前所有的努力会化为泡影。发射原本计划在晚上 9：53 进行，但就在发射前 30 秒，火箭引擎竟然没有反应。现在距离计划的发射时间已经过去了两个多小时，人群在焦虑地等待者。

正当阿德里安娜和她的伙伴们开始怀疑发射到底会不会进行时，火箭引擎好像复活了一样，发出了轰轰的声音。就在凌晨 12：30 左右，航天器终于发射了，它以一种让大地颤动的冲击力飞向苍穹，炽热的羽毛状火焰把暗色的天空照亮，黑夜瞬间变成了白昼，阿德里安娜看得目瞪口呆。就像她曾经幻想过很多次的一样，她自己也好似随着阿波罗 17 号的步伐进入了太空，她在想象地球大气层的外面是什么？其他的星球是什么样子？它们由什么组成？可以拜访它们吗？那些星球上有生命体吗？阿德里安娜一直都对太空科学非常感兴趣，看着阿波罗 17 号消失在夜空中，她再一次下定决心，她要将兴趣变成职业，用一生探索这些问题的答案。

1955 年 1 月 5 日，阿德里安娜·奥坎波出生在南美洲的哥伦比亚。在她一岁前，她跟随家人搬到阿根廷，并在那里一直住到 14 岁。阿德里安娜从小就对科学着迷，她尤其喜欢看星星，梦想有一天可以去太空旅行。1969 年 7 月 20 日，她和家人围绕在邻居家的电视机旁边，观看第一次登月的盛况，小阿德里安娜被电视屏幕上的画面惊呆了。同年 12 月，她和家人移民到美国的南加州。

阿德里安娜常常从厨房和她爸爸的工作间拿一些工具，然后自己做了一个月球基地。

阿德里安娜的新家给了她更多机会，她可以发展航空科学方面的兴趣。她移民不久后就加入了“太空探索 509 号”，这个科学小组在美国航天局附近的喷气推进实验室（JPL）聚会，然后会一起做一些项目，项目包括机器人、电路板、火箭和气象站等。高三时，阿德里安娜在 JPL 获得了一份兼职工作。高中毕业后，她一边上大学，一边继续在 JPL 工作。19 岁那年，她说服 JPL 为她和“509 号”成员工作的气象站项目提供资金。JPL 的项目资金申请竞争力非常强，但阿德里安娜小组的提案获得了只有最有前景的想法才能够获得的荣誉。

阿德里安娜的探险队在墨西哥南部和伯利兹发现了从“末日陨石坑”迸发出来的岩石，这些石块散落在 200 英里之外。

大学毕业后，阿德里安娜开始在 JPL 全职工作，在此期间她参与了许多突破性的项目。她的早期工作之一是帮助分析火星的图片。这些图片是美国航天局“维京号”火星探测器拍下来的，该项目旨在探索火星的地质组成和大气层，搜集火星上是否有生命的证据。作为工作的一部分，阿德里安娜协调火星、卫星的观测，并为其中的卫星——火卫一——制作地图。在后来的“观测者号”项目中，阿德里安娜负责运行一个热感应的机器，以进一步确定火星的组成部分，并帮助科学家改进火星地图。不幸的是，在“观测者号”探测器进入预定环火星轨道的前三天，科学家与探测器失去了联系。在那之后，其他航天器也被陆续发送到火星，有几个已经成功登陆。尽管阿德里安娜参与过许多项目，她最感兴趣的还是参与登陆任务。

除了火星，阿德里安娜还参加了研究木星和其他外太空行星的任务。她分析两架“旅行者号”航天器发回来的信息，研究木星和它的卫星。分析的信息显示木星的卫星上竟然有火山活动的迹象。她还帮助引导“旅行者号”探测器飞向土星，然后继续向天王星和海王星行进，最后的目标是穿越太阳系中的所有行星。

另一个探测器“伽利略号”可以对木星及其卫星进行更多的探索。阿德里安娜的主要工作是协助“伽利略号”的近红外技术，其目的是收集有关木星云层和组成以及行星温度的信息。阿德里安娜特别关注木星的卫星之一——木卫二。木卫二的图像显示，其冰冷的表面可能在某一时期是海洋，甚至可以说现在木卫二冻住的地壳下面可能存在着海洋。这个发现促使科学家们重新定向“伽利略号”，让它离开木卫二进入木星大气层，他们知道在那里“伽利略号”会被摧毁。这样，探测器坠毁产生的废弃物就不会污染木卫二上可能存在的水。

除了研究其他星体，阿德里安娜还对地质学感兴趣。在这个领域她有令人惊讶地发现。1988 年的一次会议上，她注意到在墨西哥的尤卡坦半岛附近，有一个天然井，或者叫落水洞环带。阿德里安娜认为，这样的地形可能意味着在过去一颗小行星与地球擦肩而过，产生的剧烈冲击力在地表留下了陨石坑。之后，她和其他科学家更深入地研究这个理论，许多人认为在 6500 万年以前，恐龙时代结束之际，一颗小行星确实撞击了地球。事实上，阿德里安娜和其他科学家们认为这可能就是恐龙灭绝的原因。这颗小行星所造成的冲击力可能会引起火灾、地震和大洪水，并在空气中释放出了一层厚厚的灰尘、粉尘、蒸汽和烟雾。科学家们推测，地球后来经历了较长时间的黑暗和寒冷期，许多物种无法生存。小行星的撞击点被称为希克苏鲁伯陨石坑，有时人们也称它为“末日陨石坑”。

尽管阿德里安娜一直在行星地质学领域进行着开创性的工作，她还花了很多时间促进科学教育和科学家们的国际交流。她开设了一个行星科学的课程，并在世界各地授课，包括墨西哥、哥斯达黎加、尼日利亚、埃及、约旦和中国。阿德里安娜在美国西语裔专业工程师协会和女性工程师协会等组织中发挥了积极的作用，鼓励青年人学习科学。她同时也非常认真地对待自己的学业，在取得学士学位后，她于 1997 年获得了硕士学位，不久后又开始攻读博士学位。她一直在美国航空航天局的国际空间科学项目中担任执行官员，还曾经在位于荷兰的欧洲航天局工作。在 20 世纪 90 年代初，阿德里安娜组织了美洲空间会议，这吸引了来自许多其他国家的学者们一起讨论，增进对空间科学的学习。

阿德里安娜的成就受到了广泛的认可。她获得了许多荣誉，包括 JPL 咨询委员会女性大奖，并被西语裔女性赋权组织妇女委员会授予年度科学女性奖。2003 年，她被《探索·发现》列为科学界最重要的五十位女性之一。

阿德里安娜的热情和专业让她成为了一个成功的科学家，也让她愿意与人分享她的工作和激情。她继续追逐着儿时的梦想，探索关于地球和行星的秘密。毫无疑问，阿德里安娜会有更多振奋人心的发现，也必将赢得更多人的仰慕。

你将如何撼动世界？

我不会去震惊世界，我要去震惊整个银河系。我要成为加拿大第一个坐在轮椅上的女航天员。

——雷伊·贝尔，13 岁

Amatalrauf al-Sharki (Raufa Hassan)

阿美塔洛夫·阿尔沙尔吉（洛法·哈桑）

1958～2011 ☼ 记者和社会活动家 ☼ 也门

在我内心，我并不喜欢面纱。我觉得这是一个天大的谎言……我想成为我自己，接受我的样子……我开始意识到面纱是一个让我缩进生命里的东西，而不是真正为我好。从那时起我的内心开始愤怒……我已经成为一个不一样的人了。

——洛法·哈桑

1975 年，电视才刚刚进入也门。17 岁的阿美塔洛夫·阿尔沙尔吉，也就是也门观众非常熟悉的广播界名人洛法·哈桑，将会出现在也门的第一批电视节目上。洛法从 12 岁起就自己主持了一档非常成功的广播节目，成为了明星。但这一次将会完全不同——整个国家的人民会第一次看见她。而她也会让他们大吃一惊。

洛法是一个大一的学生，她才从学校回家，并发誓再也不戴传统的面纱。任何时候都需要在公共场合戴面纱，不让男子看到自己的容颜，这是绝大多数穆斯林女性的习惯，在也门尤其如此。当洛法在埃及上学时，她开始相信面纱其实是阻止女性获得平等的象征。对她而言，这就是一种歧视。如果让她戴面纱，她会觉得是在对自己撒谎、对自己的国家撒谎。她再也不要这么做了。

镜头开始闪烁，所有也门人都看见了他们最喜欢的女明星的脸。许多观众感到震惊，包括洛法的亲朋好友，但她坚持自己的信念。不戴面纱，洛法正在公开宣布自己的独立性，并以个人名义开始了一场促进伊斯兰国家女性权利的宣传活动。

1958 年，阿美塔洛夫·阿尔沙尔吉出生在北也门一个叫伊卜的小镇上。小学六年级时，她就已经开始了在媒体的工作。她的第一份工作是在儿童广播节目中唱歌，但很快她就转向了更大的平台。有一天，有一个播音员没有准时出现在他的节目里，阿美塔洛夫同意代替他播音。这个12岁的小姑娘干得非常出色，她被聘为正式的播音员，主持自己的广播节目。

不过，阿美塔洛夫很确定，如果父亲知道她有自己的广播节目，肯定会生气。他认为自己的女儿公开主持是一件丑闻。但是阿美塔洛夫的意志非常坚定，她和广播站的工作人员想出了一个办法，让她可以继续播音。办法很简单，阿美塔洛夫仅仅只是修改了自己播音时的名字，这样就不会有人知道她是谁了。阿美塔洛夫把这件事告诉了母亲，母亲觉得这个主意对女儿没有坏处，还可以带来额外的收入，因而很高兴。从那一天起，阿美塔洛夫就变成了也门观众所熟知的洛法·哈桑。

每一天，洛法放学后都会去广播站录节目，一切进行顺利。不过六个月后，她的计划暴露了。一个报幕员不小心将她的名字念为“洛法·哈桑·阿尔沙尔吉”，她的身份被戳穿了！洛法的父亲不让她继续工作，但在洛法的坚持下，父亲还是妥协了，允许她继续做节目。

截至2009年，也门女性的文盲率下降至55%。

洛法的节目不同于大多数广播节目。三年里，她在节目探讨家庭问题。其他同类型的节目通常会泛泛而谈女性作为一个家庭主妇的职责，洛法则强调男女应该分担家庭责任。还只是一个十来岁的女孩，她就开始有意识地促进两性平等。

在接下来的几年里，洛法积极投入女性运动，参与很多倡导女权的活动和组织。她在也门妇女协会中扮演着积极的角色，直到1973年一个宗教团体把它关闭了。那一年，15岁的洛法和她的三个朋友创立了一所学校，教也门的女孩们读写。在70%的女性是文盲的也门，这毫无疑问是教育上的一大进步。当洛法出现在也门军队的阅兵式上时，她再一次震惊了公众。她和一队女孩接受了为期三个礼拜的培训，学习如何走队形和扛枪。她们是第一批参加革命日纪念活动的女性，在此之前这是一个全部由男性参加的活动。

不过洛法最重要的活动却是围绕要不要戴面纱这个问题展开的。像其他的也门女性一样，洛法是戴着传统的面纱长大的，面纱遮住了面部除了眼睛以外的地方。她只有在播音的时候不用戴面纱，因为这样会裹住她的声音。洛法知道这样做会冒犯许多人，尤其是她的家人；如果他们知道她不戴面纱播音的话一定会怒不可遏，于是她决定守住这个秘密。在播音站的五年里，洛法播音时只有节目制作人和工程师在一旁观看，除此以外，她没有让更多播音站的其他人看到她没有戴面纱的样子。然而在内心里，洛法越来越习惯没有戴面纱的状态。她开始意识到，面纱就像一种压抑女性的工具。

1975 年，洛法高中毕业。她不顾家人的反对，只身前往埃及留学，就读于开罗大学，学习信息与大众传媒专业。在洛法大一放假回家时，她没有再戴面纱。这让她的亲朋好友相当震惊，而当他们看到洛法不戴面纱出现在电视上，则更加惊讶。不久，洛法这一反传统的举动在全国引起了争议，也让她举国闻名。

洛法继续努力学习，并为倡导女权而努力工作。1977 年，她重启了也门妇女协会，两年后成为协会主席。后来，她先后获得了美国诺威治大学大众传媒学硕士学位和法国巴黎大学博士学位。

2010 年，洛法在中东青年倡议的访问中谈及了过去 20 年该倡议在也门的进程。她表示，尽管与过去相比女性拥有了更多权利，但还有太多方面可以改进：“女性开始外出工作，但是在占总人口 70% 的农村地区，她们在家庭农场里工作却得不到一分钱的报酬。”

洛法成为了大学教授和女权倡导活动的领袖。1993 年，在也门第一届民主选举中，她参与了议员竞选。虽然最后她输了，她仍然影响了也门的政治，并鼓励更多女性积极参政议政，有所作为。她还是萨那大学女性研究中心的创始人，同时协助建立了阿拉伯地区民主研究所，扶持推动促进女性投票权的项目，鼓励也门女性，尤其是农村地区的女性利用手中的选票，发出自己的声音。

2011 年，洛法在开罗医院逝世。曾被她感动的人为她的离世感到悲痛。洛法希望给予也门女性更多权利的努力取得了进展，但在也门的女性面前还有一段漫长而艰难的路要走。在传统上，女性的社会角色被束缚和压制。甚至在今天，也门的女孩们常常在十几岁就草草结婚，把成为一个好妻子、好母亲作为终生的目标，期望生更多的孩子。教育、职业生涯和其他任何可以将女性纳入公共事务的工作不仅不被鼓励，甚至还会被禁止。也门女性的文盲率仍然非常高。

从儿时起，洛法就展现了过人的独立性和领导力，她也将毕生奉献给了女权事业。她的成就让她成为了阿拉伯世界最重要、最具影响力的女权主义者之一。当她的选择受到约束时，她挑战了国家传统，拓展了女性生命和社会角色的可能性。

你将如何撼动世界?

我要清理我们家门口的垃圾来震惊世界。除此以外，如果我不用灯的时候，我会把它关上。不过最重要的是，我要帮助需要帮助的人。我们应该为这个世界和其他人做更多的事情。

——希尔拉·洛佩兹，12岁

Rigoberta Menchú

里戈韦塔·门楚

1959～ ◎ 社会活动家 ◎ 危地马拉

无论我们生活在哪里，我们的背景如何，里戈韦塔·门楚·图姆都在呼唤人性中最美好的一面。

——诺贝尔和平奖评选委员会

里戈韦塔弯着腰捡着从咖啡树上落下来的咖啡豆，她感到背部疼痛难忍。抬头向远处望，她可以看见妈妈也在弯着腰捡咖啡豆，她的背上还背着尼古拉斯。里戈韦塔有些着急了。这是一个大型的咖啡、棉花和甘蔗种植园，她们已经在这里工作了 15 天，而尼古拉斯一直在不停地哭泣。现在，他哭得更厉害了。里戈韦塔的妈妈把他放下来，试着喂他一些草药。他的肚子因为营养不良而膨胀，已经几乎不能呼吸了。

8 岁的里戈韦塔难以遏制住自己的愤怒。在农场上工作，她们却连食物都买不起，更不用说为一个生病的婴儿买药了。和其他工人们语言不通，她们也无法寻求帮助。可最不公平的是，如果她的妈妈停下工作，去照顾尼古拉斯，她们就会被赶出去，得不到工钱，买不起迫切需要的食物。那一天早上，尼古拉斯死了。里戈韦塔比任何时候都感到愤怒。弟弟死的那一天就是她开始抗争的那一天，里戈韦塔决心要拯救她的人民，帮助他们脱离苦海。

里戈韦塔出生时，助产士在她的手和脚上系了一根红线，象征着她的纯洁，并提醒里戈韦塔要爱护土地。她给里戈韦塔的脖子上绑一个红色的小袋子，里面含有草药、盐、石灰、烟草和大蒜，据说这样可以保护女孩不受伤害。

里戈韦塔第一次去首都时，她问爸爸："马路上跑着的这些奇怪的动物是什么？"爸爸回答："这些是汽车！"

1959年里戈韦塔·门楚出生于危地马拉西北部的山区。她和七个兄弟姐妹在父辈们建起来的基切村长大。和其他危地马拉人一样，里戈韦塔的家庭和村庄是古老而自豪的中美洲玛雅印第安人的后代。村庄里的人都非常贫穷，他们居住在用甘蔗和秸秆搭起来的棚户屋里，常常花上好几年的时间在森林里开荒，只为种上足够的玉米养家糊口。但是，贫瘠的土地让他们的收获甚微，无法生存。所以，他们只好被迫在西班牙裔拥有的农场里工作(西班牙裔就是在16世纪入侵中美洲的西班牙人的后代)。

虽然大多数危地马拉人是原住民印第安人，这个国家的绝大部分土地和商贸是由西班牙裔控制的。和其他原住民儿童一样，里戈韦塔没有机会上学。她一学会走路，就帮助农场上的父母干活。她跟在妈妈后面，捡掉下来的咖啡豆和棉花，或者在一旁照顾弟弟妹妹们，这样妈妈就可以多干一些活儿。8岁时的里戈韦塔就开始全职工作了，从早上三点一直工作到太阳落山，她每天工作15小时只能得到4分钱的报酬！

她们的工作条件很糟糕。尽管工人们的报酬足够养活自己，可是如果他们折断了咖啡树的小树枝，农场主可以随意克扣他们的工资。工人们可以在农场的商店里购买额外的食品、药品和其他生活必需品，但价格却比正常的高很多。结果就是许多工人在几个月的艰苦工作后分文未得，还有很多人实际上为了购买食物而负债累累。工人们若敢抱怨就会被开除。在农场上里戈韦塔先后失去了两个兄弟，弟弟死于营养不良，哥哥则因被喷上毒农药而暴毙(农场主们喷洒农药之前通常不会让工人们从田地里撤离出来)。

这些原住民们回到山区的村庄，在自己的土地上劳作，可等待他们的却是更多的困难。他们必须先花上好几年的时间开荒耕地、疏松泥土，这样他们才能够收获足够的粮食养活家人。可往往这时候，有钱的地主们蛮横地踏入这片土地，宣称这些土地其实是他们的。这些印第安人只好离开，或者留在他们的土地上当劳工。

作为村里的领袖人物，里戈韦塔的爸爸文森特对此表示抗议。里戈韦塔经常跟着爸爸一起去首都危地马拉城见政府官员，向他们寻求帮助。政府一点也不关心原住民们所遇到的困难，所以文森特又去见真正愿意帮助工人的劳工组织。通过他们，里戈韦塔开始相信，原住民们可以保护自己的权益不受政府和富有地主侵害的唯一方式就是组织起来，通过斗争争取权利。里戈韦塔的爸爸常常鼓励她说："等你长大了……就一定要做我在做的事情。"

文森特第一次去政府寻求帮助时，政府的人哄骗他在一些他读不懂的西班牙语的文件上签名。这些文件上实际上是说原住民们同意把他们的土地转让给这些地主。

里戈韦塔13岁时，爸爸就因为组织原住民活动而被捕。在接下来的几年里，生活宛如一场噩梦。政府和地主派军队进入村庄，摧毁一切，杀人如麻，而且不分男女老少。若有人敢反抗，他们就把他捉进监狱，严刑拷打。他们甚至逼迫年轻的原住民们互相残杀，不从的人就会被杀掉。

里戈韦塔15岁时接过了爸爸的旗帜，开始领导当地的原住民。她和爸爸的朋友、宗教祭司和欧洲人见面商谈，组织自己的村庄自卫，反击军队的袭击。虽然没有防御的钱，村民们却非常有创意。他们设计了地下逃生路线、隐秘的藏身室和陷阱，还学会了用棍棒、石块和其他粗制的武器保护自己。

待里戈韦塔帮助自己的村庄准备好应战措施以后，她就到其他的村庄教村民们如何反击。在这个过程中，里戈韦塔意识到阻止原住民组织起来的最大的困难是语言不通。玛雅印第安人说着22种不同的语言，只有少数人可以讲西班牙语，所以和各村庄交流并共同抗议西班牙法律几乎是不可能的。在接下来的几年里，里戈韦塔学习了三门玛雅语言，村里的天主教修女也帮助她提高西班牙语水平。现在，她有帮助人民表达自己意愿的工具了。

村民们用柠檬汁、盐巴和辣椒攻击侵略者的眼睛。

1978年，19岁的里戈韦塔和她的整个家族由于为原住民争取权利而被政府通缉。早些时候，她的爸爸帮助成立了农民团结委员会（CUC），代表农民向地主们争取公平的工资和妥善的对待，并要求尊重原住民社区、宗教和文化。1979年，里戈韦塔加入CUC后，CUC渐渐成长为一个被大多数危地马拉人支持的政治团体。

照当前的情形，全家人再待在一起太危险了，所以他们决定分开。村子里准备了一场特别的宴会跟门楚家族道别。宴会上，他们享用了烤猪和玉米粉蒸肉，然后击鼓、弹琴、跳舞，狂欢到深夜。这是里戈韦塔坎坷的一生中最美好的记忆之一。第二天早上，他们彼此分开，奔向不同的村落。这是里戈韦塔和家人最后一次团聚。

首先，她弟弟帕特洛西利奥被折磨后又被活活烧死，里戈韦塔和妈妈只能在一旁眼睁睁地看着，无能为力。四个月后，她的爸爸在首都的一场示威游行中被杀害。 CUC的成员接手了几个广播站，试图告诉外界他们的故事。他们还接管了西班牙大使馆，希望引起世界的注意。然而军队向大使馆的房子投放了炸弹，屋子里的每一个人都被炸死了。第二年，里戈韦塔的妈妈在外出给饥饿的村民们买东西吃的途中被绑架并被杀害。

危地马拉的原住民们现在只能指望着里戈韦塔去指引他们。她成为了CUC的领导人之一，在首都组织了更多示威游行活动，在村庄里举办自我防卫的工作坊。无论里戈韦塔走到哪儿，她都会被通缉。绑架和屠杀无处不在：到1980年为止，有10万原住民印第安人被杀害，3万人失踪，另有20万人逃往墨西哥。1981年，22岁的里戈韦塔开始为自己的生命担忧，于是她也加入了逃亡的队伍。离开了她的土地，丢下那些还在挣扎的人民，这让她感到痛心。但这是她唯一能够告诉外界他们遭遇的方法。如果她做到了，她就可以获得所需要的帮助，让原住民们生存下去。

在墨西哥，作为领袖，里戈韦塔为停止危地马拉对原住民的暴行而奔走疾呼。她开始在世界旅行，向世界人民讲述原住民的悲惨遭遇。1983年，她发表了《我，里戈韦塔·门楚》一书，讲述自己的生活。通过这本书，世界人民终于了解了危地马拉原住民的处境。里戈韦塔的书大获成功，被翻译成为12种语言。1992年，这个在地上捡咖啡豆的小女孩因为她为原住民所做出的努力而获得了诺贝尔和平奖。她成为了世界上该奖项最年轻的获奖者。

多亏了里戈韦塔的领导和勇气，危地马拉原住民的生存状况获得了极大的改善。她利用120万美元的诺贝尔奖奖金设立了里戈韦塔·门楚·图姆基金会，继续帮助原住民们改善社区。国际社会的愤怒与关注也迫使危地马拉政府停止对原住民的袭击和绑架。近几届政府和里戈韦塔及原住民团体合作，共同解决他们关心的问题。

随着危地马拉的问题逐渐得到了解决，里戈韦塔终于松了一口气，她终于有时间恋爱结婚，她本以为自己永远没有坠入爱河的机会。但里戈韦塔从未停下自己的脚步。她开始关注全世界的原住民人口。她说："我们已经打破了危地马拉的平静。现在我想看着原住民和非原住民融洽地生活在一起。"1993年，里戈韦塔被联合国任命为原住民的亲善大使。2009年，她和她的基金会开始着手为危地马拉的原住印第安人们成立一所玛雅大学。

里戈韦塔的工作还永远没有完成。只要压迫仍然存在，她就会继续为全世界受到压迫、忍受贫困的人斗争。

行动大明星

弗朗西亚受教育的权利几乎被剥夺。在她生活的多米尼加共和国，每个孩子入学前都要出示他们的出生证明。但不是每个人都有出生证明，特别是对难民来说。弗朗西亚通过了艰难的过程才拿到了证明文件去上学。现在，她正在帮助其他像她一样的孩子获得教育机会。2010年，里戈韦塔·门楚向她颁发了国际儿童和平奖，以奖励她的社会活动。

Maya Lin

林璎

1959～ ◎ 建筑家 ◎ 美国

你们不能忘记，战争不仅仅是输赢，实际上它关系着个体的生命。

——林璎评价她设计的越战纪念碑

伯尔教授在一直讲啊讲。林璎喜欢他的建筑课，也认为伯尔教授非常有智慧。但有时她还是会开小差，特别是像今天这样一个美丽的春日。一个陌生人走进讲堂，传了一张纸条给教授，学生们坐不住了，开始在下面窃窃私语起来。教授看着纸条，脸色骤变，好像有什么事情让他感到不可思议。他清了清喉咙，开始讲话："越南战争的老兵们已经选出了他们心目中越战纪念碑设计比赛的获胜者……"

林璎和其他同学们感到困惑，不知道教授为什么会在课堂上宣布这个消息。他们所有人都参加了一个设计竞赛，为首都华盛顿特区设计一个新的国家纪念碑，以纪念越南战争的老兵们。但这只是一个课堂作业——每个人都知道一个专业的建筑师最后会赢，学生们不可能有获胜的机会。为什么不让他们和其他人一样通过报纸了解最终的结果呢?

"最终的获胜者就是……我们的林璎!"

整个房间的人惊讶得目瞪口呆，包括林璎自己。这怎么可能呢? 林璎现在只是一个大四的学生，没有任何实际的工作经验。她的设计很奇怪，不像这些学生们以前见过的任何纪念碑。实际上，伯尔教授只给她的作品打了一个B。然而，她的作品却从将近1500件作品中脱颖而出。伯尔教授走向前，与林璎握手。

“恭喜你，玛雅(林璎的英文名)！”他愉快地说，想要掩盖自己的失望。他也一样参加了这次设计竞赛，可这个年纪轻轻又缺少经验的学生竟然击败了他。

那就是林璎职业建筑生涯开始的第一天。后来，她设计出了美国最具有原创精神也最受人喜爱的纪念碑。当她还只是一个小女孩时，她就对建筑与设计产生了浓厚的兴趣与热情。

20 世纪 40 年代，林璎的父母从中国逃到美国。她的母亲逃走时身上只带了 100 美元，藏在外套的里衬里。他们抵达美国后都受雇于俄亥俄大学。林璎的父亲是一名艺术教授，母亲则是东方语言和英语系教授。他们在俄亥俄州的阿森斯安了家，不久后有了一个儿子和一个女儿，女儿就是林璎。

林璎和哥哥在大学校园里长大，从小就受到艺术的熏陶。林璎说：“我的父母让我们自己决定想做的事情。也许这是一种东方哲学——不要把自己的想法强加在孩子身上。”林璎探索了许多职业方向，但从小让她最着迷的还是建筑。她常常在自己的房间里待上好几个小时，用父亲艺术工作室里的纸板和纸屑建造小镇模型。

林璎高中毕业后被耶鲁大学录取，学习建筑和雕刻。教授想让她在这两个专业中选择一个，但林璎拒绝了。她认为学习雕刻可以提升自己的建筑技巧，反过来建筑也可以促进雕刻的精进。“建筑……就像是在写一本书。只是书里的内容是以建造的方式展开，从门把手到涂料。雕刻则像写诗。你不能说太多。它是一种直白凝练的思想。”直到现在，林璎仍然用雕刻进行建筑设计。首先，她会构造出微小的模型，然后再在这些模型上画出详细的构图。

林璎的英文名“玛雅”是一个印度女神的名字，她是佛陀的母亲。林璎的姓“林”代表着森林。

大三那年，林璎去欧洲学习建筑。她注意到欧洲的墓地很美，像公园一样，人们去墓地不仅仅是为悼念，还为了享受美丽的风景。他们在那里可以逃避城市的喧嚣，放松自我。林璎说："我一直对死亡以及人和它的关系感到很好奇。"她意识到死亡无处不在，人们一直在寻找排遣痛苦、获得平和的方式。

大四时林璎回到耶鲁。林璎将她在欧洲的感悟应用于一个有趣的课堂作业：为在越南战争中阵亡的将士设计一个纪念碑。获胜者的设计将被建在华盛顿特区的宪法公园。对于设计只有两个要求：第一，阵亡和失踪的5.8万名将士的名字必须包括在纪念碑上；第二，纪念碑在林肯纪念堂和华盛顿英雄纪念碑之间，所以它必须与四周的景色相协调。遴选委员会希望这个设计可以帮助美国愈合越战的创伤。

开始设计前，林璎去宪法公园，研究这个地方的每一个细节。她问自己；"怎样才能让越战阵亡将士的亲属从悲痛中走出来？美国如何才能够走出战争的阴霾？"她的答案是这个设计可以鼓励人们直面创伤，承认他们的损失，并永远记住战争以及为之献身的人。林璎交上去的设计是两壁黑色花岗岩的墙相交于一个130°角的地方，好似三角形的两边。每一个士兵的名字会被刻在墙上，但光滑的黑色花岗岩表面又会反射出观看者的影像。就好像当游客们看墙壁上的名字的时候，他们是在审视他们自己。其他的华盛顿纪念碑通常是人物的塑像，与之相比，林璎的作品显得非常特别。

当她第一次击败了其他作品取得优胜时，人们非常兴奋，因为获胜者竟然是一位年轻的女士。但很快，她的设计引爆了美国人对战争的矛盾情绪。一些人十分推崇林璎的设计，认为这个作品引人深思、耐人寻味。另外一些人则认为这个设计没有表现出一个爱国战争纪念碑应有的特质。《芝加哥论坛报》说它"怪异"，《纽约时报》则认为它是"耻辱的黑口子"。

华盛顿有势力的人开始反对林璎的设计。内政部部长詹姆斯·瓦特、德克萨斯州的亿万富翁罗斯·佩罗还有参议员耶利米·丹顿都跳出来反对，要求叫停该项目。他们对林璎独特的视角并不感兴趣，实际上，一个很大的争论在于其他的华盛顿纪念碑都是白色的，而这个却是黑色的。他们甚至批判林璎只是一个没有在越南打过仗的年轻女孩，她压根儿就不懂得这场战争的意义。

林璎只希望将士们的名字出现在墙上，因此她甚至拒绝将自己的名字留在上面。不过公众们觉得，她的名字在墙的后面。

尽管舆论给林璎带来了巨大的压力，但她依然捍卫自己的作品，拒绝修改。她知道如果纪念碑落成了，公众会响应它。越战老兵吉安·斯克鲁格斯坚决支持林璎的设计，他高度称赞了林璎的勇气："她是真的相信她的设计……她的信念给予了我们力量，帮助我们渡过难关。"最后，虽然违背了林璎的意愿，双方还是达成了妥协：在林璎的纪念碑旁边再建三个传统的士兵人像。这三座人像由弗雷德里克·哈特设计。哈特获得了20万美元的报酬，而林璎却只有区区的2万美元。

1982年，纪念碑落成，一夜轰动。批评家们沉默了。最终，这个国家过去30年关于越南未决的痛苦与愤怒有了一个出口。反射的墙壁鼓励访客直面他们被压抑的情感，帮助他们排遣内心的痛苦。访客们在亲人的名字下面留下鲜花和纪念品，甚至用铅笔将名字描摹在纸上带回家。评委会高度赞扬了它的影响力："这个高超的设计改变了我们看待战争纪念碑——甚至可以说是所有纪念碑——的方式。"1988年，林璎获得总统设计奖，但对她而言更重要的是，越战纪念碑已经成为了全美国访问人数最多的纪念碑。

访客们经常感触于纪念碑墙壁温暖的表面，黑色的花岗岩吸收了阳光的热量，摸上去，纪念碑好像有了生命。

越战纪念碑的设计让林璎饱受舆论的争议，她发誓再也不会去设计另一个纪念碑。但当她受邀设计民权纪念碑的时候，她又感到难以拒绝。这是为了纪念在20世纪50～60年代的民权运动中为平等而战的人们，从罗莎·帕克斯和马丁·路德·金这样的著名领袖到其他被遗忘的英雄。林璎研究了历史书籍和金博士的演讲，提交出了一个非常有创意的方案：一块圆锥形黑色的大理石上刻着金博士的名言，水幕抚过石壁，流入池子里，在石壁前面是一块圆形大理石，上面刻着民权运动大事年表，从法律取缔学校种族隔离到金博士被暗杀。

林璎以一个建筑师的身份继续努力工作着，她的作品集中又增加了许多新的纪念碑和公共雕塑。她的设计从来不会让空间显得压抑，让观看者们感到沉重。设计的目的不是威慑和说教，而是鼓励人们停下来去思考。她希望她的作品可以激起人们的情感。越战纪念碑不仅让千千万万访客的内心泛起涟漪，也帮助美国人平复了战争的创伤和复杂的感情。从那以后，林璎又设计了更多的纪念碑和建筑，包括装置艺术作品——《失去了什么?》以及美国华人博物馆。她获得了来自美国艺术基金会、美国罗马学院和美国艺术文学院等机构颁发的奖项。林璎已经在世界上留下了自己的印记——平静与和谐的印记。

你将如何撼动世界?

我想研究异种器官移植来震惊世界。把动物的器官移植到人体上，可以延长千千万万不能够获得人体器官移植的人的生命，让他们更健康。

——蒂娜·戈登，15岁

Midori Goto

五岛宓多里

1971～ ☼ 小提琴家 ☼ 日本 / 美国

音乐家都是对自己严格要求的人，只有这样我们才能够进步。但归根到底，是对音乐的热爱激励我们坚持不断的练习。对音乐的挚爱带给我很多快乐。

——五岛宓多里

14 岁的宓多里站在舞台前，她身边是一群来自波士顿交响乐团的音乐家，著名的作曲家和指挥家雷昂纳德 · 伯恩斯坦近在咫尺。作为特邀小提琴手，她来参加唐格尔伍德音乐节的室外音乐会。正值夏季，天气闷热。虽然演出条件不尽如人意，但宓多里以惊人的表现完成了伯恩斯坦高难度的小提琴协奏曲《小夜曲》的前四章。到曲末第五乐章开始的一刻，观众们完全折服于宓多里的琴技。《纽约时报》更盛赞她“技术臻于完美”，与协奏曲的挑战难度相得益彰。

宓多里演奏时使用的小提琴是一把制于 1734 年的“杰苏瓜奈利”意大利古琴。

然而，在最后一章的演奏中途，宓多里遇到了每个小提琴家都害怕的事情：一根琴弦断了。她以惯有的冷静转向乐队首席（首席小提琴手兼指挥家助理），借来他的小提琴。虽然这把琴与她刚才使用的那把很不同，明显大了一些，但在经历了短暂的停顿后，宓多里继续回到演出中。

危机似乎解除了，乐队继续演出。片刻之后，意想不到的一幕再次发生了：另一根弦又断了。宓多里只好再次换琴，这一次还是一把比她原有小提琴要大的琴，用起来很不顺手。这样的意外足以干扰最有经验的音乐家，但它没有影响到宓多里，她以完美的表现结束了最后一个音符。曲毕，观众和乐队同伴们爆发出热烈的欢呼与喝彩，向为这位年轻的小提琴手致敬。然而，此刻他们可能并未意识到，这个为他们演奏的小姑娘将会成为一个世界闻名的音乐家。

五岛宓多里——职业生涯里被称作“宓多里”——1971年10月25日生于日本大阪。还在蹒跚学步时，宓多里就知道她以后想成为一个小提琴演奏家。3岁时她希望得到一把小提琴作为生日礼物。从4岁起，宓多里就跟着身为小提琴家的母亲学习拉琴。

20世纪80年代早期，宓多里和母亲搬到美国居住，此后在著名的茱莉亚音乐学院学习，师从知名的音乐老师多丽丝·狄蕾。宓多里11岁时在纽约爱乐交响乐团的新年音乐会上首次公开演出。她本来不在音乐会表演名单之列，但乐团总监听了宓多里的演奏，惊为天人，在最后一刻把她加进了节目单，作为嘉宾表演小提琴独奏。仅仅几年后，就有了她在唐格尔伍德音乐节中的传奇一幕。宓多里在世界各地举办过数以千计的音乐会，有时一年就高达100场！14岁时，宓多里开始灌录碟片，迄今已经出了几十张专辑。

宓多里的德语书《绝对宓多里》于2004年出版。

15岁时，宓多里离开茱莉亚音乐学院，开始自学小提琴。这种自我探索的修行帮助她培养出与众不同的技法和视角。谈到这一时期，她说：“这是一个整合的开端：历史知识、文化和理论、音乐会上的演奏经验以及个人经历……我得以审视真正的自己，这感觉实在太好了。我必须做自己的老师，磨练耳朵，不断挑刺。”

宓多里音乐家的职业生涯不断发展，时至今日成绩依然斐然。在演出之外，她还是南加州大学桑顿音乐学院的老师，担任小提琴系的雅舍·菲尔兹主席。她还投入大量时间与社区组织合作，参与社区服务。她说：“我一直对教育感兴趣……不仅只是接受别人的帮助与指导，还希望成为社区的一员来帮助别人。”1992年，宓多里在纽约成立了一个叫做“宓多里与朋友们”的非营利性机构，以鼓励孩子们参加音乐活动。宓多里与纽约的公立学校联手，通过音乐会、工作坊等活动，给予孩子们探索音乐的机会。她在出生地日本，也开办了类似的机构，叫做“分享音乐”。她同时成立了一些社会团体，扶持青年乐团，并将世界级的音乐带入小型社区。2007年，宓多里对公益活动的投入获得了全球的瞩目，她本人获得“联合国和平信使”的称号。作为和平信使的宓多里，呼吁人们关注联合国在全球范围内的工作。

你可能会认为，像宓多里这样有天赋的年轻人只是关注与音乐有关的活动，可实际上，宓多里兴趣广泛。青少年时期，她喜欢历史、考古学、阅读、写作与戏剧。大学时，她主修心理学与性别研究，并获得学士和硕士学位。

这些兴趣给予年轻的宓多里全面的知识，滋养她的音乐，也保证她不会在特定领域裹足不前。在唐格尔伍德音乐节的夏夜演出中，她证明了自己是世界上最有天赋的年轻音乐家之一。几天后，宓多里在记者的采访中谈到了自己的规划，她说：“我不确定我想做什么，我想我会成为一个作家、考古学家也许是小提琴家。”这些职业选择都可能带来丰厚的回报，不过让全球成千上万的音乐爱好者感到幸运的是，她选择了最后一种。

你将如何撼动世界？

我想要在管弦乐团或乐队里演奏来震惊世界。我曾在几支乐队里演奏过单簧管，还在纽约植物园和卡耐基音乐厅进行过三次钢琴表演。

——特兰达·克劳福德，12岁

Natalie Portman

娜塔莉·波特曼

1981～ ❁ 演员 ❁ 以色列和美国

做与众不同的事情总是妙趣横生。多用新的方式挑战你自己。

——娜塔莉·波特曼

娜塔莉走到外面，踏入雪中，将带着露指手套的双手搭在尖栅栏上休息。她穿着牛仔裤，套着一件暖色格子外套，棕色的头发被拨在耳朵后面，看起来和其他冬日早晨里的少年毫无二致。如果不是被摄像机环绕，你可能会说她就是一个普通的邻家女孩。

事实上，在这个情景中，娜塔莉就是邻家女孩马蒂。她在影片《美丽佳人》中饰演著名影星蒂莫西·赫顿邻居家的小孩。娜塔莉开始说台词了——她正和赫顿打趣，笑他的铲雪能力。不过十几岁，娜塔莉就表演得自信而从容。

这一幕仅持续了两分半钟。但是在这短短的时间里，电影里马蒂不寻常的个性被娜塔莉诠释得淋漓尽致，并在电影其他情节中得以表现。电影首映后，她的表演获得了如潮的好评，她甚至因此获得芝加哥影评人协会的最佳女配角和最有前途女演员两项提名。虽然这并不是娜塔莉的第一个电影角色，它让娜塔莉的职业生涯更进一步，帮助她成为了今天最耀眼的电影明星之一。

娜塔莉·波特曼的本名叫作娜塔莉·赫许勒，1981年6月9日生于以色列耶路撒冷。为了保护家人的隐私，她开始演艺生涯后就使用了艺名波特曼。娜塔莉的父亲是生殖科医生，母亲是艺术家。娜塔莉3岁时与父母搬到了美国，先后住在华盛顿哥伦比亚特区、康涅狄格和纽约。

娜塔莉自小就展露了非凡的艺术天赋，她搬到美国不久后就学习舞蹈。除此以外，她还参加了戏剧训练，而且喜欢和邻居的小伙伴们一起表演。还是孩童的娜塔莉就引起了星探的注意，11岁时有经纪人在比萨店里发现了她，邀请她成为露华浓的模特。不过娜塔莉谢绝了这个邀请，因为她想要全心投入表演。她对表演的专注赢得了回报，12岁时娜塔莉获得了出演第一部电影的机会。她被著名导演吕克·贝松相中，主演了电影《这个杀手不太冷》。这部电影讲述的是一个女孩在双亲被杀后成为一个职业杀手跟班的故事。虽然大多数人对《这个杀手不太冷》持肯定的评价，但还是有些评论家对角色忧心忡忡。因为电影包含了许多成人和暴力的主题，而主演娜塔莉年龄尚小。

娜塔莉还是一个科学家。她与别人合写的研究论文在科学杂志上出版。她在著名的“英特尔科学人才探索”中成功晋级半决赛。

这部处女作很快为娜塔莉带来了其他影片的演出机会。1996年，她在《美丽佳人》中饰演早熟的邻家女孩马蒂，她的演出又一次惊艳了评论家们——《纽约时报》称赞为“抢镜俏佳人”与“新生代万人迷”。到了20世纪90年代末，娜塔莉稳固了她在电影圈中希望之星的位置。她饰演的角色包括影片《芳心天涯》中和妈妈横跨美国的女儿，《星际大战前传三部曲》中的帕德梅·阿米达拉女王。进入2000年后，娜塔莉先后出演了《情归新泽西》、《偷心》、《V字仇杀队》、《马格瑞姆的玩具店》、《另一个波琳家的女孩》、《兄弟》和《黑天鹅》等许多影片。值得一提的是，娜塔莉出演过的许多影片尤其适合成熟的观众观看。

娜塔莉是一个完美主义者。她从来不“修正”，她要做的是“推翻重来”。

娜塔莉从不回避挑战，她成功地驾驭了各种角色，证明了她是一个素质全面、多才多艺的女演员。她用心准备每部电影。在《V字仇杀队》中，娜塔莉剃光了头发，跟着声音训练师学习英式英语发音。不仅如此，为了练好口音，在拍戏期间她每天都用英式英语与人交流。为了演好《黑天鹅》中芭蕾舞者的角色，她每日练习8个小时的芭蕾舞，最后在肋部受伤和脑震荡的情况下，坚持完成了拍摄。娜塔莉能与角色融为一体，她说："演戏的好处之一是，我可以以另一个人的身份生活，体验他们的经历，透过他们的眼睛来看世界。"

娜塔莉的演技为她赢得了当之无愧的赞誉。她获得的奖项包括奥斯卡金像奖、金球奖、美国演员工会奖、英国电影和电视艺术学院奖和其他诸多殊荣。娜塔莉的成就已从银幕扩展到舞台，她在舞台剧《安妮·弗兰克的日记》中出演主人公安妮·弗兰克，她还出演了安东·契诃夫的戏剧《海鸥》。不仅如此，她还开始尝试担任制片人，成立了一家叫"英俊的查理电影公司"的制作公司。

娜塔莉非常重视教育。作为演员，娜塔莉非常出色，在学业上她也当仁不让，脱颖而出。她在纽约长岛的公立高中提前修完课程，甚至为了期末考试而缺席《星球大战Ⅰ：幽灵的威胁》的首映会。随后娜塔莉进入哈佛大学，获得心理学学位。为了不影响学业，她将电影工作严格限制在暑期进行，以便能集中精力学习。从哈佛毕业后，娜塔莉曾去耶路撒冷希伯来大学深造。她能说流利的希伯来文和英文，还学习过阿拉伯语、法语、德语和日语。

娜塔莉热衷于参与社会事务。她是一位动物保护主义者。从8岁起，她就成为素食主义者，并拒绝穿戴或使用动物产品，比如皮毛。为此，娜塔莉甚至开办了自己的鞋子生产线，生产不使用动物皮革的鞋子。

娜塔莉的另一项重要事业是帮助全世界的穷人挣足够的钱，让他们有能力照顾自己与家人。娜塔莉与一些国际组织合作，通过这些组织向发展中国家的家庭提供金融服务。他们合作的一部分内容是，由这些组织向受助者通常是女性提供小额贷款(也就是"小额信贷")，帮助他们开办自己的小买卖挣钱养家。

娜塔莉向来行事低调，十分在意保护自己的隐私。不过众所周知，她和父母的关系亲密，家庭对她尤为重要。30岁时，娜塔莉与未婚夫芭蕾舞演员本杰明·米派德组建了家庭，双方相识于《黑天鹅》的拍摄期间。2011年夏天，夫妻俩迎来他们的第一个孩子。

虽然娜塔莉的生活有了新的身份——“母亲”，我们依然期待在银幕上继续见到她。她的工作一直进行着，凭她的才智、创造力，娜塔莉将不断迎接新的挑战，并获得成功。

行动大明星

3岁时，阿比盖尔·布兰斯林就开始了演员生涯。她先在几支广告中出现，5岁时出演了第一部电影《天兆》。在《阳光小美女》中饰演的奥利弗为她赢得了奥斯卡最佳女配角提名，这让她成为奥斯卡历史上最年轻的被提名人之一。阿比盖尔是一个天生的演员，总是能将角色演活。她将继续在大银幕上震惊世界。

Ashley Rhodes-Courter

阿什利·罗德斯·考特

1985～ ◎ 作家和社会倡导者 ◎ 美国

我要为阿什利·罗德斯喝彩，这位年轻的女士如此勇敢地分享自己的故事，坚持不懈地致力于帮助被寄养的孩子们。她的勇气与努力值得我去称赞。

——苏珊·白金汉·斯雷德，作家

17岁的阿什利正面临着人生的十字路口。她决定上大学，但又苦于没有钱交学费。阿什利几年前被收养，她的养父母——菲儿·考特和盖伊·考特已经给予她太多，包括一个安定的、相亲相爱的家庭，但他们无力支付她的大学学费。阿什利决定通过参加写作比赛赚取学费。

阿什利看到《纽约时报》杂志的写作比赛征文公告——描述自己最有力量的一天。阿什利清楚地知道自己要写的那一天：她被收养的那天。

近来，阿什利习惯蜷在父母身边那些组合式沙发低凹的垫子里。明亮的光线从窗外流泻进来，俯瞰窗外佛罗里达的水晶河。屋内，阿什利正聚精会神地看着房间里的电视屏幕。法庭录像开始播放，她看到自己出现在屏幕中，心里七上八下忐忑极了。录像中，法官问她："你想要被收养吗？"12岁的阿什利耸了耸肩，然后说："我猜是。"

这不是"小孤儿安妮"[①]的回答，但它确确实实更有力量。收养过程很复

① 《小孤儿安妮》是20世纪20年代的著名四格漫画，并被多次改编成为舞台剧和电影。由原作者改编的电影的故事发生在1930年，安妮是个11岁的孤儿，住在一所由暴虐的汉尼根小姐统治的孤儿院里。汉尼根小姐犹如一个邪恶的后母，而安妮和她的伙伴们则无时无刻不梦想着找到自己的亲生父母。——译者注

杂，特别是对一个只有12岁、在过去9年里辗转于14个寄养家庭，与44个社工、23个律师、19个寄养父母、3个虐待登记员和4个法官打过交道的孩子，收养成为了一个奢侈的梦。现在，她终于可以被一个家庭接纳，有一个固定的家了，但是她怎么知道这会不会是最好的归宿呢？对阿什利·罗德斯而言，混乱如麻的生活让她对再搬次家这种事失去了期待。

阿什利写完征文后，给它拟了个题目《三个字》，也就是那天她对法官说的三个字。她满怀希望地寄出了文章，期待这能为自己攒点大学费用。不久后，阿什利得知自己竟然获得了特等奖，她简直高兴坏了！她的文章出现在了杂志上，奖金支票也寄到了邮箱里，不久之后，出版商们就打电话询问她是否已经出过书。每个人都希望听到她的故事。

其中一个寄养家长让阿什利在毒日头下跑圈，直到她虚脱！后来这名女子被指控虐待了许多寄养的孩子。

她的故事漫长而辛酸。3岁时，阿什利的生母、继父和弟弟搬到了佛罗里达。“我们搬到佛罗里达，从此以后可以过上幸福的生活”，阿什利的妈妈告诉她。但是当他们到达佛罗里达时，警察逮捕了她的母亲和继父，随后将阿什利和弟弟送到了陌生人的家里。有时她和弟弟睡在同一户人家，有时则不同。此后很多年，阿什利都会想：“我究竟做了什么令人讨厌的事使得我必须被从母亲身边带走？”

在她被寄养的时间里，阿什利喜欢上了写作，但她从未尝试过写书。通常，她只写些诗歌和流水账，但是她从未打算将这些作品与别人分享。因为经常搬家并与其他寄养的孩子混居，她的物品常常遭到偷窃或者破坏。她的手头上甚至没有留下多少自己写过的作品。尽管如此，阿什利依然在写作中得到安慰，她背下了自己的诗歌，这样就没人能偷走了。

五年级的一个冬天，阿什利的老师让她放学后留下。老师是一个温和但坚定的人，如果阿什利想要通过异常的表现来博取关注，她是不会允许的。但是，她似乎也注意到阿什利与众不同。那一天，老师让阿什利放学后留下来，不是为了训斥她，恰恰相反，是为了给她奖励。“这是《绿山墙的安妮》。”她笑着说。

通过TED“创造未来”媒体宣传活动，阿什利主持了在2010年TED女性大会。在和童子军CEO杰西卡·劳伦斯的访谈中，她谈到，“关于创造未来很酷一点是，它实际上突显了一个观点……女性……不再遵循——学校、工作、家庭——三点一线的老路。”简而言之，现在女孩子自己能够做出最好的选择——无论是遵循传统，还是独树一帜。

这是阿什利生平拥有的第一本书。当她翻开封面，她注意到老师在扉页上的留言，老师的留言令这份礼物变得更加特别。她开始读起来，发现主人公——一个红头发、名字以A开头的孤儿——和自己有很多共同点。阿什利感觉到自己和安妮、老师以及文字联系在了一起。

现在阿什利17岁了，刚赢得一个写作比赛，她对文字于她的意义毫不怀疑。但正是这些，让写作的压力变得更加恐怖。

“别着急”，盖伊说，“我会帮助你。”

盖伊是个小说家，所以她了解写作流程和出版所要注意的细节。盖伊也知道如果阿什利动笔写自己的生活，他们将不得不到州政府调取阿什利的资料，包括她在寄养中待过的所有地方。阿什利和盖伊一起查询了档案卷宗，并联系了阿什利寄养的家庭，他们收集了这些资料，并访问了阿什利已多年未去的地方。

阿什利的初稿完成后，就给其他人阅读并让他们谈谈想法。盖伊经常谈到的一点是，作品必须能引起读者的共鸣——阿什利应该在书中放入更多的感情。这成为阿什利最大的挑战。“我是个非常封闭的小孩，努力尝试着不要被悲伤、痛苦、内疚和恐惧等情绪击垮。”对她而言，在作品中加入她试图隐藏的情绪非常困难。但是她知道他们的建议是正确的，读者希望在作品中看到她的情感，而不仅仅是看她频繁变动的地点和活动，因此阿什利将原稿修改了一遍又一遍。

但是阿什利知道，她不希望自己的作品沦为“孤儿血泪史”。她希望她的书能唤起读者的行动，意识到在当地的福利制度的现状和寄养儿童所面临的挑战。她也希望借书籍表达感恩之情，感谢所有努力改变寄养儿童生活的人。这些人中的大部分从未受到过感谢，即便他们花费了大量时间帮助孩子们找到安全的家。

《三个字》在2008年出版，那年阿什利·罗德斯·考特23岁。这本书登上了《纽约时报》的畅销书榜单，阿什利利用推广新书的机会呼吁公众关注寄养制度。她甚至主持了一个叫做“探索收养”的电视节目，在佛罗里达播出，并赢得了“艾美奖”。

阿什利是里维斯的“创造未来”女性社区的大使，2011年她成为MTV的国际通信记者。

阿什利靠写作收入完成了埃克德学院的学业，她于2008年毕业，获得了传播学和戏剧双学位。阿什利又进入南加州大学攻读研究生。与此同时，她成为了一个寄养妈妈，并继续和国内的观众们畅谈寄养的话题。

你将如何撼动世界？

我要通过写作和出版来震惊世界。我想帮助青少年解除因为家庭、朋友和学校生活所带来的压力。我可以肯定，大部分懒散学生都是因为和朋友或家人产生矛盾。学校的咨询师并不总是能满足青少年所需要的鼓励和指导。我觉得从书本中获得建议会更安全些，其他人可能也是一样的感觉。这就是我想来震惊世界的方式。

——艾米丽·安·布瑞克，13岁